Integration, das sind die Anderen

Michael Hofer

Integration, das sind die Anderen

Migrationsgesellschaftliche Positionierungen
durch Sprache im österreichischen Integrationsdiskurs

Waxmann 2016
Münster · New York

Diese Publikation wurde mit der Unterstützung des Department of Germanic Studies, Trinity College Dublin, gedruckt.

Bibliografische Informationen der Deutschen Nationalbibliothek
Die Deutsche Nationalbibliothek verzeichnet diese Publikation in der Deutschen Nationalbibliografie; detaillierte bibliografische Daten sind im Internet über http://dnb.d-nb.de abrufbar

Print-ISBN 978-3-8309-3446-2
E-Book-ISBN 978-3-8309-8446-7

© Waxmann Verlag GmbH, 2016
Steinfurter Straße 555, 48159 Münster

www.waxmann.com
info@waxmann.com

Umschlaggestaltung: Inna Ponomareva, Jena

Gedruckt auf alterungsbeständigem Papier,
säurefrei gemäß ISO 9706

Printed in Germany

„Daß ich zum Beispiel Österreicher bin, ist mir mit einer solchen Fülle widerwärtigster Individuen gemein, daß ich es mir verbitten möchte, lediglich mit Hilfe jenes Begriffes bestimmt zu werden." – (Heimito von Doderer 1964: 24)

Inhalt

1. Einleitung

Die in Österreich geführte Debatte um Integration sieht sich häufig mit sprachlichen Entgleisungen konfrontiert, die vor allem von der ausländerfeindlichen, rechtspopulistischen Partei FPÖ und ihren Parteimitgliedern ausgehen – aktuell tat sich der niederösterreichische Vorsitzende dieser Partei hervor, indem er Asylwerber/innen als „Erd- und Höhlenmenschen" bezeichnete.[1] Sprachliche Missachtungen von Menschen, denen ein Migrationshintergrund zugeschrieben wird, sind dabei längst nicht mehr allein ein Kennzeichen der rechten Parteien, selbst sozialdemokratische Politiker/innen wie der steirische Landeshauptmann Franz Voves lassen mit abstrusen Forderungen, etwa nach Integrationsunwilligkeit als Strafbestand, unter prekären sprachlichen Bedingungen aufhorchen.[2] Die Empörung in der Gesellschaft ist gering, zu etabliert ist der an „Menschen mit Migrationshintergrund" gerichtete Imperativ, der einer würdevollen Sprache offenbar entbehren kann und eine gesamte Bevölkerungsgruppe diskreditierend unter Generalverdacht stellt. Das schnelle Vergessen, die kurzen Reaktionen und die mangelnden rechtlich bindenden Konsequenzen, die sprachliche Gewaltakte – seien sie rassistisch, sexistisch, chauvinistisch oder in anderer Art diskriminierend – nach sich ziehen, lassen darauf schließen, dass es unzählige verletzende Äußerungen in unserem sprachlichen Alltag geben muss, die ungeahndet oder gar unentdeckt bleiben. Gerade in der alltäglichen und medialen Diskussion werden beim Aufzeigen von sprachlichen Verstößen gerne Begriffe wie „Sprachpolizei", „Erbsenzählerei" oder „falsche Political Correctness" bemüht. Dabei wird aber nicht beachtet, dass Sprache nicht einfach auf ihre Zeichenfunktion zu beschränken ist, sondern in einem sprachlichen Vorgang etwas konstruiert und hervorgerufen wird. Sprechen, eine Stimme zu haben und zu Wort zu kommen, ist nicht selbstverständlich und von vornherein für jedes Individuum gleichberechtigt gegeben – genau wie Sprache unterliegt die Frage, wer sprechen darf und wer in weiterer Folge gehört wird, unterschiedlichen Konstruktionen von Macht.

---

1 http://derstandard.at/2000007881444/FP-Abgeordneter-beschimpft-Asylwerber-als-Hoehlenmenschen, Stand 20.1.2015
2 http://derstandard.at/2000010649361/Voves-will-gegen-Integrationsunwilligkeit-vorgehen, Stand 20.1.2015

Sprache ist nicht nur Abbild unserer Realität, sie bildet Realität. Sprache strukturiert nicht nur unsere Gedanken, sie offenbart die unseren Gedanken zugrundeliegende Struktur. Wir handeln mit Worten nicht nur innerhalb eines grammatischen Systems, sondern schaffen damit Manifestationen in der außersprachlichen Wirklichkeit, deren Auswirkungen nicht nur zu hören oder zu lesen sind, sondern vielmehr in emotionaler und körperlicher Form spürbar werden bzw. spürbare Folgen nach sich ziehen können. Sprache bzw. Sprechen bedeutet Handeln (vgl. u.a. Austin 2010, Butler 2006). In dieser Arbeit sollen nicht oben angedeutete, offenkundig rassistische oder diskriminierende Texte untersucht, sondern vielmehr die im Migrationsdiskurs in Österreich vorherrschende Sprache am Beispiel von Presseaussendungen der zentralen Institution für Integration, dem Staatssekretariat für Integration, einer Betrachtung unterzogen werden. Das 2011 gegründete Staatssekretariat bündelt die Integrationsagenden an einer Stelle, konzentriert somit in gewissem Ausmaß die Diskussion darüber und erreichte eine Loslösung der Deutungshoheit vom rechten Rand. Daraus resultierte auch eine begriffliche Vorherrschaft, die zu neuen sprachlichen Schöpfungen animierte.

Da sich die Forderung nach Integration meist an den mit Migrationshintergrund versehenen, einen häufig als anders und abweichend identifizierten bzw. konstruierten Teil der Gesellschaft richtet, wird das Hauptaugenmerk auf die sprachlichen Rahmenbedingungen, in denen sich ein migrationsanderes Subjekt unter Einfluss von Zuschreibungen, Diskriminierungen oder Exotisierungen entfalten und bewegen kann, gelegt. Primär werden Begriffe und Phrasen beleuchtet, die mit konkreten Initiativen verbunden sind und, da besonders häufig verwendet, als kennzeichnend und prägend für den Diskurs und dessen Wahrnehmung anzusehen sind. Diese Begriffe finden über die Medien Einzug in den öffentlichen Diskurs, werden von Zweiten und Dritten wiedergegeben und so konventionalisiert und machtvoll. Dabei stellt sich die Frage, welche Positionierungsangebote in den verwendeten Begriffen enthalten sind und wie Menschen durch diese subjektiviert werden. Im Diskurs der Integration schaffen die von uns verwendeten Begriffe eine Realität bzw. eine Möglichkeit von Realität. Es entsteht für den Teil der Gesellschaft, der „Andere" identifiziert und als zu integrierend ansieht, die Möglichkeit, sich davon abgrenzend zu positionieren und gleichzeitig für die als zu integrierend identifizierten Menschen, den ihnen eröffneten Platz einzunehmen oder sich diesem zu verweigern und zu versuchen, ein eigenständiges Positionierungsangebot zu konstruieren.

In dieser Arbeit soll es, wenn auch die Analyse von einzelnen Begriffen im Vordergrund steht, jedoch nicht darum gehen, wieso man womöglich „Migrationsandere/r" sagen soll und nicht „Migrant/in", „Ausländer/in" oder „Fremde/r". Nicht das korrekte Wort und die korrekte Sprache soll präsentiert, keine Intextuation angestrebt werden, denn würde diese Arbeit postulieren, wie gesprochen werden müsste, würde sie sich genau der Deutungshoheit preisgeben, die sie inhärent zu kritisieren versucht. Zudem bedeutet ein neuer Begriff kaum Veränderung, sofern er Menschen weiterhin unzureichend adressiert und asymmetrische Machtverhältnisse in der gesellschaftlichen Ordnung unverändert aufrechterhält.

Diese Arbeit befasst sich mit der Frage, welche Positionierungsangebote und Möglichkeiten zur Subjektwerdung in den Presseaussendungen des Staatssekretariats für Integration, das mittlerweile vom Innenministerium in das Bundesministerium für Europa, Integration und Äußeres übersiedelt wurde, enthalten sind. Dabei werden nicht „Menschen mit Migrationshintergrund" einer Untersuchung unterzogen, sondern es wird eine Analyse der Subjektivierungsprozesse, der Praxen, durch die sie als solche hervorgebracht werden, angestrebt, was eine kritische Betrachtung der sprachlichen Realisierung des Terminus' „Integration" und seiner politisch reglementierten Umsetzung miteinschließt. Die Arbeit analysiert somit primär die Fragen, wie von offizieller Seite als zu integrierend kategorisierte Personen in den Presseaussendungen anerkannt werden, wie sie adressiert und in der Gesellschaft positioniert werden und ob diese Texte diskriminatorisches Potenzial enthalten oder womöglich sogar „integrationsfördernde" Wirkung entfalten.

Zu Beginn (Kapitel 2) wird die Arbeit im Feld der kritischen Migrationsforschung verortet und der Begriff Migrationsgesellschaft sowie verschiedene Perspektiven auf Sprache und Sprechen im Migrationsdiskurs konturiert. In Kapitel 3 wird eine Analyseperspektive entwickelt, die sich aus Subjektivierung, Othering und Verletzenden Worten zusammensetzt. Während Subjektivierung das (Gemacht-)Werden von Subjekten befragt, zeigt Othering auf, wie Identitäten durch die Abgrenzung von Anderen begründet werden. Die Theorie der Verletzenden Worte verweist auf den Machtaspekt der Sprache, die entscheidend mit der Subjektkonstitution sowie den damit einhergehenden Positionszuweisungen verbunden ist. Kapitel 4 beschäftigt sich mit der Frage nach der Ausrichtung des Staatssekretariats für Integration bzw. der österreichischen Integrationspolitik, wozu fünf Thesen formuliert werden. In den beiden folgenden Kapiteln 5 und 6 werden die Methode und die

Analyse der ausgewählten Key Incidents dargestellt und abschließend in der Schlussfolgerung zusammengefasst.

Ziel ist es, zu zeigen, dass eine Institution, die vordergründig die Integration der von ihr behandelten Menschen anstrebt, Gefahr läuft, durch die verwendete Sprache vorherrschende Machtverhältnisse und Differenzordnungen zu reproduzieren und eine tatsächlich integrierte Gesellschaft zu verhindern. Eine bewusste, sensible und präzise Sprache dieser zentralen öffentlichen Stelle für Integration ist vonnöten, da eine bestimmte Art über den Diskurs zu sprechen, diesen und die darin miteinbezogenen Menschen mitkonstruiert.

Es erscheint problematisch als Mehrheitsangehöriger und von Integration „Unbehandelter" die Positionierungen von „Menschen mit Migrationshintergrund" zu analysieren, da meine Perspektive selbst in die kritisierten Machtverhältnisse eingebettet ist und Gefahr läuft, bei der Kritik des Integrationsregimes an der Herstellung „Migrationsanderer" mitzuwirken und diese für meine Argumentation zu instrumentalisieren. Die Kritik der Begriffe, die „Andere" bezeichnen und somit ins Leben rufen, reproduziert die darin enthaltene Differenzordnung von „Wir" und „Anderen" zu einem gewissen Grad, da sie als Kritik von ihrer Existenz abhängig ist. Dieses Dilemma ist an dieser Stelle nicht aufzulösen.

2. Kritische Migrationsforschung

Im Laufe der letzten Jahrzehnte, ausgehend von der wissenschaftlichen Thematisierung der Arbeitsmigrant/innen entwickelte sich ab den 1970ern in verschiedenen Disziplinen – von Soziologie, Pädagogik, Politikwissenschaft bis hin zu Wirtschaftswissenschaft und Medizin – das Feld der Migrationsforschung und damit die Beschäftigung mit dem vielschichtigen und komplexen Thema „Migration", wobei Migrationsforschung wiederum verschiedene Disziplinen in einem Diskurs bündelt. Die Interdisziplinarität dieses Forschungsfeldes stellt dabei weniger eine Möglichkeit als eine unbedingte Notwendigkeit dar, die Thematik durch mehrere Perspektiven zu betrachten, um einer einseitigen, reduktiven Sichtweise entgegenzuwirken. Gleichzeitig belegt die Bedeutung des notwendigen und unausweichlichen Zusammenwirkens der verschiedenen Disziplinen innerhalb der Migrationsforschung ihre gesamtgesellschaftliche Relevanz.

Nicht nur in der wissenschaftlichen Praxis, auch in der politischen Diskussion, in Kunst, Medien und dem gesellschaftlichen Alltag ist das (Streit-)Thema „Migration" omnipräsent und mittlerweile fest verankert. Dabei entsteht bisweilen der Eindruck, dass es sich um ein vermeintlich neues Phänomen der Gegenwart handelt. Jedoch ist Migration – ein „Prozess, bei dem Menschen über Grenzen hinweg wandern, um an einem anderen Ort bzw. in einem anderen Land dauerhaft oder vorübergehend zu leben und zu arbeiten" (Integrationsglossar 2012: 38) – als Tatsache der Weltgesellschaft keine Neuerung des 21. Jahrhunderts. Auch wenn aufgrund technischer Innovationen Migration gegenwärtig mit höherer Geschwindigkeit, über weitere Distanzen und für eine größere Zahl von Menschen als vor hundert(en) Jahren möglich ist,[3] so ist das Überschreiten von relevanten Grenzen doch zu „allen historischen Zeiten und fast überall gegeben. Migration ist eine universelle Praxis, eine allgemeine menschliche Handlungsform" (Mecheril 2010a: 7).

Auch wenn der komplexe Prozess der Migration mit „Wanderung(sbewegung)" nur sehr unscharf gefasst ist, so enthält die oben erwähnte Definition des Integrationsglossars einen entscheidenden Aspekt: das Über-

---

3 Dieser potenziellen Beschleunigung und Erweiterung von transnationalen Wanderungsbewegungen steht jedoch eine im Ausdruck „Festung Europa" bildhaft gewordene, verschärft regulierte, reglementierte und repressive Politik der Abgrenzung gegenüber.

schreiten von Grenzen; wobei nicht nur territorialen, sondern auch kulturellen, juristischen, lingualen und (geo-)politischen Grenzen (vgl. Mecheril 2013: 8) in der Migration und im Konzept der Integration große Bedeutung zukommt. Im Zuge der Migration werden Linien, die bestimmte Gruppen voneinander trennen, übertreten, irritiert und zum Teil aufgelöst, was zur Verunsicherung des dominanten Teils einer Gesellschaft und seiner vermeintlich in sich homogenen Identität führen kann. Als eine Folge davon werden Fragen nach Zugehörigkeit laut und es wird versucht, Kriterien und Kategorien zur Zu- bzw. Einordnung von Individuen zu finden als erneute Bestätigung für die durch Migration „bedrohte" Gruppe, die ihre Identität (laut Wortursprung „sich Veränderndes") aufgrund der verunsichernden Veränderung neu bestimmen muss. Dies wäre unter Inklusion der migrierenden Gruppe möglich, häufiger tritt aber ein Imperativ auf, der Assimilation verlangt und zur Exklusion von Ressourcen und zu Diskriminierung führt, vorherrschende Machtverhältnisse bleiben dadurch weitgehend unangetastet. Gleichzeitig werden durch Migration vorherrschende Verhältnisse und Strukturen wie der Nationalstaat oder der Umgang mit Migrant/innen innerhalb einer Gesellschaft stetig hinterfragt und umgedeutet.

Migration ist ein zutiefst von Ungleichheiten und Machtverhältnissen geprägter Raum, dessen Strukturen zu durchleuchten ein Auftrag der Migrationsforschung ist. In der Einleitung zum Band „Kritische Migrationsforschung" (2013) weisen die Autoren auf die Herausforderungen, Ziele, Probleme und Gefahren einer Migrationsforschung hin, die sich dazu verpflichtet, kritisch zu sein. Als kritische stellt sie an sich den Anspruch, Herrschaftsstrukturen zu analysieren und weiß sich selbst in diesen eingebettet, wobei sie durch einen selbstreflexiven und -kritischen Zugang die Reproduktion der vorherrschenden Strukturen und Praxen zu vermeiden versucht. Ein zentraler Aspekt einer Migrationsforschung, die sich den Machtstrukturen einer Gesellschaft annimmt und so den Blick von dem „Spezialfall" Migration auf die vielfältigen, relationalen Strukturen einer Gesellschaft wirft, ist im Konzept der Subjektivierung (siehe Kapitel 3), das sich mit dem Entstehen bzw. dem (Gemacht-)Werden von Subjekten auseinandersetzt, zu finden. Bedeutend dabei ist eine Abkehr vom Blick auf das „migrantische" Subjekt und eine Hinwendung zur Frage, unter welchen Bedingungen und mit welchen Mitteln jemand zu einem „Menschen mit Migrationshintergrund" gemacht und in der Gesellschaft positioniert wird. Gleichzeitig ist die Abkehr von der Besonderung der Migration, von der problemorientierten Sichtweise auf dieses Phänomen und der polemischen Diskussion mit Hinblick auf „Normabweichungen" ein zentrales Bestreben.

Häufig läuft Migrationsforschung in ihren Untersuchungen und Analysen Gefahr – vor allem in „wohlwollenden" Texten – die historische Normalität der Migration als Spezialfall und Ausnahme mit zu konstruieren und zu bestätigen. Sie muss sich daher als kritische Forschung positionieren und bewusst werden,

> „dass Migrationsforschung ihren Gegenstand nicht schlicht abbildet, sondern selbst als soziale Praxis und insbesondere als Normalisierungspraxis betrachtet werden muss, die Migration als das Außergewöhnliche hervorbringt" (Mecheril 2013: 7).

Es gilt vor allem Sprache als einen entscheidenden, konstruierenden Teil des Diskurses anzuerkennen und neben der Betrachtung des im Migrationsdiskurs verwendeten Wortschatzes auch einen kritischen Blick auf die vorherrschenden Sprachpraxen zu richten.

Immer wieder folgt auf getätigte Kritik die Frage nach deren Nutzen, da sie bloß Missstände aufzeige, jedoch keine Lösungen für die offenbarten Mängel parat habe. Dieser Vorwurf mag am Ende auch dieser Arbeit entgegengehalten werden, nachdem sie verwendete Begriffe und postulierte Wertesysteme einer kritischen Analyse unterzogen haben wird, aber keine alternativen Begriffe und kein neues Wertesystem anbietet. Kritik bleibt immer eine Kritik am Gegebenen, eine Kritik an dem, was ist. Ohne diesen kritisierten Zustand könnte Kritik nicht existieren, sie ist von ihm abhängig und versucht ihn zugleich außer Kraft zu setzen, wodurch sich der Vorwurf des ihr innewohnenden dekonstruktiven Moments zu bestätigen scheint, den sich die Kritik selbst als Anspruch stellen muss, nämlich

> „das Gesetz des Gegebenen (provisorisch) außer Kraft zu setzen, ohne gleich ein neues Gesetz zu instituieren. In diesem Sinne wohnt der Kritik ein konstitutives Moment der Destruktion und des Nicht-Konstruktiven inne, das sie einer Kultur, die auf unabgesetzte Perfektionierung des Vorhanden setzt, suspekt und lästig werden lässt." (Mecheril 2013: 32)

Kritik erscheint für die wissenschaftliche Praxis und insbesondere für Migrationsforschung unumgänglich und soll in der vorliegenden Arbeit ausgehend von Sprache im Diskurs migrationsgesellschaftliche Ordnungen und Machtverhältnisse, Diskrepanzen innerhalb des Integrationsdiskurses und Prozesse der Subjektivierung be- und hinterfragen.

2.1 Migrationsgesellschaft

Österreich ist gegenwärtig eine „Migrationsgesellschaft" und war dies bereits in den Jahr(hundert)en davor. Nach und nach etabliert sich diese Bezeichnung als Tatsache im Migrationsdiskurs und verdrängt allmählich den Terminus „Einwanderungsland", der eine sehr einseitige Verkürzung von Migration darstellt und sich stark an einer Konstruktion der Einwanderer als Fremde oder Andere orientiert, während die vielseitigen Prozesse, die im Rahmen von Migration passieren und auf die gesellschaftliche Wirklichkeit Auswirkungen haben, unbeachtet bleiben – allerdings führt die Betonung der Migrationsgesellschaft wieder zurück zum oben angeführten Dilemma, nämlich dass durch die Verwendung von „Migrationsgesellschaft" Migration nicht als Normal- sondern als gegenwärtiger Spezialfall unserer Gesellschaft erscheint.

In der österreichischen Geschichte waren es zudem meist Auswanderungsbewegungen, die Migrationsprozesse dominierten. Erst in der Nachkriegszeit und nach Unterzeichnung bilateraler Abkommen zur Anwerbung von Arbeitskräften (sogenannte „Gastarbeiter") in den 1960ern nahm allmählich die Immigration zu. Laut Statistischem Jahrbuch zum Integrationsbericht wanderten im Jahr 2013 151.300 Personen zu und 96.600 Menschen ab, was eine „Netto-Zuwanderung" von 54.700 ergibt (vgl. migration & integration 2014: 8). Aus einer Perspektive der Migrationsgesellschaft lässt sich allerdings sagen, dass beinahe 250.000 Menschen der österreichischen Gesellschaft aktiv in Migration getreten sind. Dadurch wird die Reduktion auf eine ausschließlich additive Sichtweise der Einwanderung etwas abgeschwächt und Migration als inhärenter Teil einer Gesellschaft, die sie in allen Bereichen durchzieht, und als ein für diese konstitutiver Prozess sichtbar, in den alle Mitglieder eingebunden sind und nicht nur die als Andere Identifizierten. Zusätzlich bleiben unter einer alleinigen Konzentration auf Immigration unzählige andere relevante Migrationsformen wie Binnen-, Trans- oder Pendelmigration unberücksichtigt (vgl. Mecheril 2010a: 11).

Entscheidend dafür, dass nach wie vor eine Konzentration auf Zu- bzw. Einwanderung vorherrscht, ist die Betonung des Nationalen bzw. des Überschreitens nationaler Grenzen. In der Gesellschaft besteht eine gegenwärtig weitgehend geteilte Imagination von Österreich als nationale Gemeinschaft, die auf Homogenität der Sprache, der Kultur und des „Volkes" aufbaut, eine

Vorstellung, die sowohl historisch als auch gegenwärtig ein Paradoxon darstellt – man denke dabei z.B. an die Heterogenität der Bevölkerung in Zeiten der Habsburgermonarchie. Diese Vorstellung von Homogenität als Basis des Zusammenhalts und der Identität einer Nation widerspricht der gesellschaftlichen Wirklichkeit auf mehreren Ebenen, schließlich wird z.B. einem Fünftel der österreichischen Bevölkerung ein „Migrationshintergrund" zugeschrieben, Tendenz steigend. Die Anerkennung der Migrationsgesellschaft geht mit der Akzeptanz eines Wandels der Gesellschaft und ihrer Strukturen einher sowie mit der Bereitschaft mit Herausforderungen wie Mehrsprachigkeit oder Mehrfachzugehörigkeit produktiv umzugehen und diese nicht zu negieren. (Symbolische) Grenzen und Trennlinien werden durch Migration ständig hinterfragt und können in der Migrationsgesellschaft neu geordnet werden; individuelle, soziale und gesellschaftliche Zugehörigkeit wird dabei zum zentralen Thema – nicht nur für „Migrant/innen", sondern für alle Mitglieder der Gesellschaft (vgl. Castro Varela/Mecheril 2010: 35). Paul Mecheril spricht in diesem Zusammenhang von einer „natio-ethno-kulturellen Zugehörigkeit", da diese äußerst vielschichtig konstruiert wird und in ein breites Spannungsverhältnis gebettet ist. Besonders wenn von „Migrant/innen" gesprochen wird, werden die Kategorien Nation, Ethnizität und Kultur abgerufen und befragt – wird jemand als Türke bezeichnet, so wird nicht nur seine nationale Zugehörigkeit gedacht, sondern auch eine kulturelle und ethnische Verschiedenheit als eine Abweichung von der Normvorstellung (vgl. Mecheril 2010a: 14). Besonders Kultur hat sich als Differenzlinie etabliert, an der Konflikte festgemacht werden. Mithilfe interkultureller Maßnahmen wird gegenwärtig versucht, Verständigung zwischen den Kulturen zu befördern, wodurch die Trennlinie zwischen zwei Gruppen durch Kulturalisierung der Herausforderungen, die sich in der Migrationsgesellschaft stellen, allerdings häufig ungewollt verfestigt wird.

Differenz- und Zugehörigkeitsverhältnisse scheinen zentral in einer Migrationsgesellschaft und finden ihren Ausdruck in der Kategorisierung „Mensch mit Migrationshintergrund" (ab jetzt: MmM). Der Terminus hat sich mittlerweile in Politik und Medien gegenüber veralteten oder mittlerweile als diskriminierend anerkannten Ausdrücken wie „Fremde/r" oder „Ausländer/in" durchgesetzt. Wie Mecheril und Rigelsky feststellen, handelt es sich dabei jedoch um nicht viel mehr als eine rhetorische Umstellung, die keine grundlegende Veränderung des Status und der symbolischen Positionierung ergibt, allerdings eine versuchte Verhüllung der nach wie vor bestehenden machtvollen Unterscheidungspraxis zwischen einem natio-ethno-

kulturellen „Wir" und einem natio-ethno-kulturellen „Nicht-Wir" aufrechterhält (vgl. Mecheril/Rigelsky 2007: 61).

Laut Integrationsglossar – und somit bedeutend für die Definition und
Wahrnehmung in Österreich – handelt es sich bei MmM um Menschen

„deren Eltern im Ausland geboren wurden. Es wird zwischen Migrant/innen der ersten
Generation (Personen, die selbst im Ausland geboren wurden) und Zuwanderer/innen
der zweiten Generation (Kinder von zugewanderten Personen, die aber selbst im Inland
zur Welt gekommen sind) unterschieden" (Integrationsglossar 2012: 38).

Nach der Definition des Integrationsglossars von „Migration" – „über Grenzen hinweg wandern dauerhaft oder vorübergehend" (ebd.) – haben auch
Studierende, die ein Auslandsjahr absolvierten, Menschen, die im Ausland
arbeiteten (z.B. auf Montage) oder in Pendelmigration eingebundene Menschen, die unter der Woche im Ausland tätig sind und am Wochenende oder
gar jeden Tag in ihr Herkunftsland zurückkehren, eine Migrationsgeschichte.
Doch die eng gefasste Definition von „Migrationshintergrund" verhindert
diese potentielle Überlagerung eines natio-ethno-kulturellen „Wir" mit „Anderen", indem er deutlich macht, dass es sich um die oben erwähnte Unterscheidung einer natio-ethno-kulturell abweichenden Einheit von „Anderen"
handelt, deren Unterscheidungsgrundlage nicht allein das Überschreiten von
imaginierten, sich historisch wandelnden Grenzen allein, sondern vor allem
die Herkunft der Individuen bzw. ihrer Vorfahren bildet.

Während man von dem/der Ausländer/in – verstanden als alle Personen,
„die keine österreichische Staatsbürgerschaft besitzen" (migration & integration 2014: 22) – qua Einbürgerung zum/zur Inländer/in werden kann, ist das
Abstreifen des Migrationshintergrundes unmöglich und ein lebenslanges
Kennzeichen. Die rechtliche Angleichung an die Mehrheitsgesellschaft ist
möglich, aber eventuelle sprachliche oder physiognomische Unterschei-
dungsmerkmale dienen ein Leben lang als Differenzlinie und schreiben
MmM eine unvollständige Zugehörigkeit, eine Fremdheit zu (vgl. Meche-
ril/Rigelsky 2007: 61) – Migration innerhalb des Kontextes des nationalen
Territoriums ist rechtlich nicht relevant, somit schließt der Migrationshintergrund die Menschen, denen er zugeschrieben wird, von der Zugehörigkeit zur
nationalen Gemeinschaft aus.

Migration verunsichert die Vorstellung gesellschaftlicher „Normalität",
der Titel „Migrationshintergrund" dient als Kennzeichnung der Abweichung
davon wie z.B. bei der Problematisierung des vorherrschenden monolingualen Schulsystems durch das Auftreten einer hohen Zahl an mehrsprachigen

Schüler/innen. An dieser Stelle wird der Migrationshintergrund als äußerst defizitär wahrgenommen – „[a]llein die Erwähnung einer hohen Anzahl von SchülerInnen ‚mit Migrationshintergrund' scheint gelegentlich als nicht weiter zu erklärender Hinweis auf Probleme ausreichend zu sein" (Melter/Dirim/Mecheril 2011: 341). Häufig werden auch die schulischen Leistungen von „österreichischen" Schüler/innen „ohne Migrationshintergrund" mit denen von Schüler/innen „mit Migrationshintergrund" verglichen, etwa wird das schlechte Abschneiden bei der weltweit durchgeführten Schulleistungsuntersuchung PISA in der Aufspaltung der Schüler/innen in diese beiden Gruppen erläutert und der Misserfolg an den Unterschiedenen festgemacht. Der Gesellschaftsteil, der sich als „ohne Migrationshintergrund" wahrnehmen kann, wird als unproblematisch beruhigt, auch wenn mehrfach darauf hingewiesen wurde, dass die Aufspaltung nach sozialen und ökonomischen Kriterien anstatt nach Herkunft zu gleichen Ergebnissen führen würde, da sich MmM häufig in prekären Positionen unserer Gesellschaft befinden.

Ähnlich funktioniert Migrationshintergrund bei Kriminalität, Problemen in der Nachbarschaft oder Erwerbstätigkeit als Problemmerkmal, so findet sich in der auf acht Punkten reduzierten Kurzfassung der statistischen Daten des Integrationsberichts 2014 die Angabe: „Jugendliche mit Migrationshintergrund öfter ohne Erwerbstätigkeit oder Aus- und Weiterbildung",[4] – wieso hier Herkunft betont wird, bleibt offen. Suggeriert wird – später auch in der Verbreitung durch die Medien – ein Bild bildungsunwilliger Jugendlicher mit Migrationshintergrund; dass die Strukturen des Bildungssystems möglicherweise diskriminierend sind und zu diesem Ergebnis beitragen, wird weniger diskutiert.

Die Kategorisierung MmM umfasst eine höchst heterogene Menschengruppe, Menschen, die seit einem Tag in Österreich leben ebenso wie Menschen, die als Kinder von Arbeitsmigrant/innen hier geboren, aufgewachsen und in die Schule gegangen sind, hier arbeiten und seit Jahrzehnten Österreich als ihr Herkunftsland bezeichnen würden. Ein weiterer Kritikpunkt ergibt sich somit aus der Pauschalisierung durch den Begriff: er gibt nämlich vor eine homogene Gruppe zu bezeichnen, die vermeintlich in Werten und Lebensformen übereinstimmt. Gleichzeitig wird damit auch die Tatsache verschleiert, dass die Zuordnung zu dieser Gruppe zwar faktisch einer „objektiven" Definition der Institutionen unterliegt, im Alltag trifft und hierar-

---

4 http://www.statistik.at/web_de/presse/077472, Stand 14.1.2015

chisiert sie aber Menschen nach rassistischen, linguizistischen und kulturalistischen Unterscheidungen.

Nicht zuletzt aber stellt die Zuschreibung des Migrationshintergrundes in seiner rechtlichen Festschreibung und in dem Evozieren einer Vorstellung des Trägers als Anderen den Integrationsbedarf bei Mitgliedern einer Gesellschaft fest. Die MmM werden als nicht vollwertige Mitbürger/innen angesehen, es schwingt ein defizitärer Anteil im Begriff mit, den sie trotz Befolgen aller Integrationsauflagen nie loswerden können und dadurch immer als die Anderen, nicht ursprünglichen Österreicher/innen markiert und erkenntlich bleiben. Der Ausdruck schreibt sie in ihrer Herkunft, Kultur und Religion als Andere fest.

In dieser Arbeit soll in Abgrenzung zu diesem diskriminierenden und Machtverhältnisse reproduzierenden Begriff der Ausdruck „Migrationsandere" verwendet werden, da er

> „zum Ausdruck bringt, dass es ‚Migrant/innen' und ‚Ausländer/innen' und komplementär ‚Nicht-Migrant/innen' und ‚Nicht-Ausländer/innen' nicht an sich, sondern nur als relationale Phänomene gibt." (Castro Varela/Mecheril 2010: 17)

Zudem zeigt der Begriff „Migrationsandere" auf, dass es machtvolle, unterscheidende Prozesse und Strukturen sind, die Andere in der Migrationsgesellschaft herstellen, wobei zu berücksichtigen bleibt, dass der Begriff „Migrationsandere", ebenso wenig wie „MmM", keine einheitliche, homogene Gruppe beschreibt (vgl. ebd.).

2.2   Sprache und Macht

Die Beschäftigung mit Sprache innerhalb des Migrationsdiskurses geht zurück bis in die 70er Jahre, in denen eine Auseinandersetzung mit dem Spracherwerb der Arbeitsmigrant/innen begann und der Begriff „Gastarbeiterdeutsch" geprägt wurde. Gegenwärtig wird ein weites Spektrum an Fragestellungen in der Forschung bearbeitet, die von Sprachförderung, Sprachstandserhebungen, der Bedeutung lebensweltlicher Mehrsprachigkeit für Schule und Gesellschaft bis hin zu für diese Arbeit zentralere Aspekte wie die Bedeutung der Sprache/Mehrsprachigkeit für die diskursive Konstruktion individueller und gesellschaftlicher Identität/en, Diskriminierung und Ausgrenzung der Anderen und missachtende Sprache reicht (vgl. de Cillia: 2011). Die Erkenntnisse letzterer Forschungsgebiete finden nur selten und langsam ihren Weg an die Öffentlichkeit oder in die – um einiges wirkmächtigeren – Institutionen.

Die aus Arbeiten mit assimilatorischem Gestus (vgl. Esser 2006a) hervorgegangene Fokussierung auf die vermeintlich hohe Bedeutung des Erlernens des Deutschen für Migrationsandere hingegen wurde kaum hinterfragt angenommen und gilt als gesellschaftlicher Konsens – über die dahinterliegenden politischen Motive und die Art und Weise, wie diese sprachpolitischen Maßnahmen kommuniziert und etabliert werden, wird wenig gesprochen, auch wenn sich im Fachdiskurs eine kritische Reflexion der Sprachpolitik und der vorherrschenden Begrifflichkeiten herausgebildet hat.

In der vom Integrationsstaatssekretariat ausgehenden Diskussion wird Sprache als besonders zentral und entscheidend für das Gelingen von Integration betrachtet. So sieht der damalige Staatssekretär und gegenwärtige Außenminister Sebastian Kurz Sprache und Bildung (laut „Nationaler Aktionsplan für Integration" (NAP.I) ein Indikator für gelungene Integration) als „Grundvoraussetzung dafür, dass Integration überhaupt funktionieren kann" (Bundesministerium für Inneres 2011a), an. Zur Hervorhebung dieser hohen Bedeutung für die Integration wurden klare Fristen für Menschen, die nach Österreich migrieren, eingeführt, in denen sie die österreichische Staatssprache zu erlernen haben. Werden diese Fristen nicht eingehalten, drohen Sanktionen bis zur Ausweisung – auf die vielfachen Einflüsse, denen Sprachenlernen, in Migrationsprozessen im Besonderen, unterliegt, und auf die Bedeutung der Sprache für die Identität wird dabei keine Rücksicht genommen.

Dadurch wird postuliert, dass nur die offizielle Staatssprache „den sozialen Zusammenhalt in einer durch Diversität gekennzeichneten Gesellschaft sichern könne und dass Sprachtests und verpflichtende Kurse die Durchsetzung des Ziels garantieren würden." (Plutzar 2010: 123) Stattdessen dient diese Hervorhebung und Koppelung der Sprache an die nationale Identität innerhalb der territorialen Grenzen zur Herstellung natio-ethno-kulturell Anderer, die von der „Norm" abweichen (vgl. Dirim/Knappik 2014: 234). Hinzu kommt, dass das Sprachenlernen die Migrationsanderen nicht nur finanziell belastet – die Kurse müssen selbst bezahlt werden, bis zu max. 50% der Kosten werden erstattet, was aber wiederum an strenge Auflagen geknüpft ist – sondern ihnen durch die Etablierung dieser Sprachfristen in Kombination mit Sanktionen auch unterstellt wird, sie wären freiwillig nicht bereit und müssten dazu gezwungen werden (vgl. Plutzar 2010: 125). Diese Sprachpolitik suggeriert, dass Menschen, die der deutschen Sprache nicht mächtig sind oder mit Akzent sprechen, keine vollwertigen Mitbürger/innen sein können und Integrierungsbedarf haben. Die Sprache wird aber nicht in Kursen allein gelernt, sondern durch ihre Ausübung in alltäglichen Handlungen, durch die Teilhabe an gesellschaftlichen Praxen, von denen Migrationsandere häufig ausgeschlossen sind. Erfolgreiches Lernen der dominanten Sprache kann als Ergebnis der erfolgreichen Partizipation an einer Gesellschaft betrachtet werden und nicht ausschließlich als ihre Voraussetzung (vgl. ebd. 127). Sprachzwangsmaßnahmen stehen so vorgegebenen Zielen wie der Erhöhung der Chancengleichheit und dem Verbessern des Zusammenlebens eher kontraproduktiv im Wege. Unbestritten aber bleibt, dass in einer monolingualen Gesellschaft das Erlernen der vorherrschenden Sprache unumgänglich ist, sofern man in dieser Gesellschaft Handlungsfähigkeit erlangen möchte (vgl. Mecheril/Quehl 2006: 358).

Sprachenlernen unterliegt als soziale Praxis einem komplexen Netz an Machtverhältnissen, es muss daher über die Vorstellung von Sprache als ein sich selbst genügendes Sprachsystem und Sprechen als bloßes kommunikatives Mittel, über sprachliche Zeichen eine Botschaft von einem/einer Sender/in an eine/n Empfänger/in zu schicken und so Information über einen Sachverhalt zu übermitteln, hinausgedacht werden. Diese Einengung auf den funktionalen Aspekt der Sprache war für Bourdieu Ausgangspunkt, die Sprachtheorien nach Saussure und Chomsky zu kritisieren, da sie seiner Ansicht nach vereint, dass sie „nur der Theorie ein vorkonstruiertes Subjekt einverleiben, bei dem sie die gesellschaftlichen Bedingungen seiner Konstruktion vergessen und dessen soziale Genese sie jedenfalls vernebeln" (Bourdieu 2005: 47). Die Sprache wird in ihren Theorien durch die Betrachtung grammatisch korrekter Äußerungen zwar in eine taugliche Form der Analyse gebracht[5], die komplexen sozialen, historischen und politischen Entstehungsbedingungen der Sprache und wer unter diesen Bedingungen sprechen darf und gehört wird, werden aber außer Acht gelassen. Zusätzlich wird ein Bild einer homogenen Sprachgemeinschaft konstituiert, die in Wirklichkeit nicht existieren kann. Auch werden dadurch die offizielle Staatssprache und die Standardsprache als selbstverständlich vorausgesetzt und nicht

---

5 Beide beschränken sich auf den Kommunikationsakt, Chomsky unterscheidet dabei Kompetenz und Performanz eines idealen Sprecher-Hörers, Saussure zwischen Sprache und Sprechen.

22

berücksichtigt, dass sie erst im Laufe der Geschichte durchaus gewaltvoll als Norm etabliert wurden, an der sich alle anderen Sprachen messen müssen (vgl. ebd. 48f.). Dynamische Entwicklungen und die ständigen Veränderungen, denen Sprache unterliegt, werden unter diesen Annahmen negiert und eine legitime Sprache und Sprechweise, die in vielen sozialen Kontexten andere Sprachen und Sprechweisen als illegitim bzw. unangemessen kennzeichnet und herstellt, wirksam.

Die Sprache ist, was unter der Verwendung des definiten Artikels deutlich wird, als offizielle Staatssprache ein kollektiv identitätsstiftendes Element und somit ein Teil des Kleisters, der die Vorstellung einer einsprachigen natio-ethno-kulturellen Einheit, die in der Institution Schule und durch das vorherrschende einsprachig ausgerichtete Bildungssystem gestützt wird, zusammenhält. Wer „die" Sprache sagt,

> „übernimmt unausgesprochen die *offizielle* Definition der *offiziellen* Sprache einer bestimmten politischen Einheit: diejenige Sprache nämlich, die innerhalb der territorialen Grenzen dieser Einheit allen Staatsangehörigen als die einzig legitime vorgeschrieben ist, je offizieller [...] die Sprechsituation ist" (ebd. 49f., Hervorh. im Orig.).

Durch die Betonung einer einsprachigen Nation werden Sprecher/innen anderer Sprachen als nicht-zugehörig identifiziert und zur Bestätigung eines davon abgetrennten, zugehörigen natio-ethno-kulturellen „Wir" herangezogen – die faktische mehrsprachige Zusammensetzung der Gesellschaft sowie die mangelnde Übereinstimmung der bestehenden territorialen mit den sprachlichen Grenzen werden dabei negiert. Sprache wird wie in anderen Fällen Religion, Kultur oder Rassismus als Trennlinie und Argument der Unvereinbarkeit bzw. Andersartigkeit wirksam. Gleichzeitig dient eine offizielle, legitime Sprache dem mehrheitsgesellschaftlichen „Wir" als Mittel der Macht gegenüber den Menschen, die diese Sprache nicht beherrschen: Wird die Sprache nicht zeitgerecht gelernt und nicht über eine Prüfung der Nachweis erbracht, kann dies zu Sanktionen durch Behörden und Ausgrenzung in sozialen Kontexten führen. Schüler/innen mit anderen Erstsprachen werden zudem häufig aufgrund ihrer Sprachkenntnisse als „außerordentliche" Schüler/innen geführt, was nicht selten den Einstieg in Schultypen wie das Gymnasium und folglich ihre Teilhabe an gesellschaftlichen Ressourcen erschwert. Aufgrund ihrer Erstsprachen können Menschen zudem Diskriminierungen ausgesetzt sein und Zuschreibungen unterliegen, die ihrer personalen Identität widersprechen. Ein Mensch mit Türkisch als Erstsprache wird nicht selten aufgrund seiner Erstsprache unter einer nicht-westlichen Kultur subsumiert, auch wenn dieser Mensch sich selbst anders verortet.

Die Wirkmächtigkeit der Sprache in der außersprachlichen Wirklichkeit untermauert Austin mit seiner Theorie der Sprechakte anhand von performativen Äußerungen wie: „Ich taufe dieses Schiff auf den Namen ‚Queen Elizabeth'" (Austin 2010: 28f.). Diese Äußerungen sind nicht wahr oder falsch, beschreiben keine Sachverhalte, sondern stellen Sachverhalte her (vgl. ebd. 28). Entscheidend ist, ob diese Sprechakte glücken, ob die Sprache und der/die Sprecher/in als legitim anerkannt werden und der/die Sprecher/in Gehör findet. Bourdieu ergänzt hier, dass „die Sprache ihre Autorität von außen bekommt" (ebd. 101), von Institutionen, die Sprecher/innen diese Autorität delegieren. Erst mit der von einer Institution verliehenen Macht und Autorität ist der performative Akt zu vollziehen – nicht jeder, der eine Flasche gegen ein Schiff wirft und den obigen Satz spricht, erreicht dieselbe Wirkung, die sprachliche Handlung muss in einer „legitimen Sprechsituation gehalten werden, das heißt vor legitimen Empfängern [...] in den legitimen Formen" (ebd. 105). Wenn Kinder sich im Spiel verheiraten oder taufen, hat der Akt während ihres Spiels wohl bindenden und ernsten Charakter, außerhalb des Spiels jedoch ist er bedeutungslos, da ihnen die Autorität und Anerkennung dazu fehlt. Die Macht von Sprechakten wird, ebenso wie die Autorität diese zu vollziehen, von sozialen Institutionen vermittelt, deren Teil wiederum die Äußerung des Sprechaktes ist (vgl. ebd. 105f.).

Eine legitime Sprache kompetent zu sprechen, bedeutet eine Chance auf Anerkennung der Autorität und die Möglichkeit, gehört zu werden und somit sozial und politisch handlungsfähig zu sein. Mecheril und Quehl (2006) weisen aber darauf hin, dass nicht nur das Sprechen der legitimen Sprache dafür entscheidend ist, sondern diese Sprache auch in der legitimen Sprechweise gesprochen werden muss, um eine gleichwertige gesellschaftliche Teilhabe zu garantieren, ein Akzent oder Anzeichen von Mehrsprachigkeit wie Code-Switching schränken die Legitimität des/der Sprecher/in vor monolingualen Mehrheitsangehörigen ein – durch die Autorität zu sprechen werden somit in einem gesellschaftlichen Kontext soziale Unterschiede ausgedrückt und hergestellt.

Da Sprechen Handeln ist, besteht dadurch auch die Möglichkeit der sprachlichen Missachtung. Die gewaltvolle und verletzende Ebene sowie die subjektivierenden Effekte der Sprache werden im Zuge der Entwicklung der Analyseperspektive genauer beleuchtet (siehe Kapitel 3).

3. Analyseperspektive

3.1 Subjektivierung

In dieser Arbeit soll eine Analyseperspektive entwickelt werden, für die der Aspekt der Subjektivierung den Ausgangspunkt darstellt. Eine Schwierigkeit stellt dabei dar, dass es keine einheitlich ausgearbeitete Theorie dessen gibt, was unter Subjektivierung zu verstehen ist und es je nach Diskurs oder Denktradition zu unterschiedlichen Ausformungen und Auslegungen kommt, weshalb in Folge das dieser Arbeit zugrundeliegende Verständnis von Subjektivierung behandelt wird.

Norbert Ricken (2013) verweist darauf, dass

> „nicht das klassische ‚Subjekt der Aufklärung‘, das (sich) in sich selbst (be-)gründende, sich selbst bewusste und durchsichtige sowie sich selbst vernünftig bestimmende und als Zweck an sich selbst setzende, kurz: ebenso autonome wie souveräne Subjekt" (Ricken 2013: 69)

mit der Perspektive der Subjektivierung befragt wird, sondern unterstreicht mit Foucault, dass es um die Frage geht, wie Menschen „zu Subjekten gemacht" werden (Foucault 1982: 243). Subjektivierung wurde bereits in den Arbeiten Louis Althussers angedacht, von Foucault als Konzept herausgearbeitet und später u.a. von Judith Butler als „Subjektivation" weiterentwickelt. Die Ansätze vereint, dass das Subjekt nicht als gegeben oder „natürlich" angenommen wird, sondern dass sie von einem „gemachten" und „sich machenden" Subjekt ausgehen und den Blick auf Prozesse der Konstitution und der Konstruktion dessen, was wir als Subjekt verstehen, werfen. „Wer nach der Subjektivierung fragt, nach dem Subjekt-Werden von Subjekten, will nicht wissen, wer oder was das Subjekt ist, sondern, wie es geworden ist." (Saar 2013: 17) D. h., dass nicht etwa eine Definition der Migrationsanderen durch die analytischen Schritte dieser Perspektive angestrebt wird, sondern Subjektivierung eine Analyse ermöglicht, die die vielseitigen relationalen Bedingungen, unter denen Subjekte als solche in einer Gesellschaft erzeugt werden und sich erzeugen, die Macht- und Herrschaftsbeziehungen, die dabei wirksam sind und die bestehenden Möglichkeiten, innerhalb dieser Verhältnisse Handlungsfähigkeit zu erreichen, betrachtet.

An dieser Stelle werden nach Saar (2013) bedeutende Prämissen der Subjektivierung angedeutet, die für die Analytik von Subjektivierung eine entscheidende Rolle spielen und im Anschluss wird das Konzept konkreter definiert – die Prämissen sind allerdings nicht gänzlich miteinander vereinbar, da
sie aus verschiedenen Theorien abgeleitet wurden.

Nach Althusser (1977) formuliert Saar, dass eine Betrachtung des Subjekts nach dem Gemacht-Werden unter dem Einfluss von Herrschafts- und
Machtstrukturen und nach der Rolle der Institutionen wie Bildungseinrichtungen oder Medien, von denen dieses Machen ausgeübt wird, fragen muss
(vgl. Saar 2013: 19). Weiter führt er aus, dass das Subjekt ein Unterworfenes
ist, da es in seinem Bedürfnis nach Anerkennung als Subjekt, von der Macht
einer ihm äußeren Autorität abhängig ist und sich dieser ihm vorgängigen
Instanz beugen muss, um Subjekt zu werden. Diese Unterwerfung geschieht
in gewisser Weise freiwillig, da das Individuum seine Unterwerfung akzep-
tiert und vollzieht, um ein Subjekt zu werden, das aber aufgrund der Unterwerfung nicht als vollkommen frei denkbar ist (vgl. ebd 19f.). Bereits im
lateinischen Wortursprung „subiectum" kommt diese Ambivalenz zum Ausdruck, da es einerseits das Zugrundeliegende und andererseits das Unterwor-
fene bedeutet (vgl. Zima 2000: XI).

Von Foucault leitet Saar drei Thesen ab, die eng mit den Überlegungen
Althussers verbunden sind: Das Subjekt ist historisches Produkt (seine Entstehung unterliegt dem Wandel der Geschichte und dessen Bedingungen für
die Subjektwerdung), es ist Schnittpunkt einer Vielzahl an heterogenen Bestimmungskräften (Wissensordnungen, Machtregimes, Selbstkonstitution)
und es wird konstruiert und konstruiert sich (immer) zugleich (selbst), d. h.
das Subjekt ist nicht bloß der Macht der Unterwerfung ausgeliefert; auch
dem Selbstverhältnis des Subjekts wird entscheidende Bedeutung zugeschrieben (vgl. Saar 2013: 21f.).

Butler wiederum erweitert Subjektivierung als Prozess, der sich in Sprache und am Körper vollzieht, ein Prozess, durch den „ich" gesagt werden
kann und der dieses Ich verkörpert und verräumlicht, es somit manifest in
Verhältnis setzt – nicht nur die Untersuchung von Materialisierungsprozes-
sen, auch Sprachkritik muss demnach ein Teil der Analyse sein (vgl. ebd.:
24). Gänzlich neu ist allerdings, dass Butler eine psychische Dimension in
das Konzept miteinbringt, was die Analyse von Subjektivierungsprozessen
um einen anspruchsvollen Aspekt erweitert (vgl. Butler 2013). Nicht zuletzt
betont Butler ein Scheitern der Subjektivierung, da in der wiederholten Ausführung der subjektkonstituierenden und identitätsschaffenden Praxen stets

ein Moment der Abweichung und Subversion enthalten ist, das „die gebildeten Bedeutungen und Identitäten brüchig macht" (ebd.: 25). Diese Prämissen
vereint können als Grundstein für eine kritische Subjektivierungsanalyse
angesehen werden.

In dieser Entwicklung findet somit eine Abkehr von der Betrachtung eines autonomen, souveränen Subjekts und eine Hinwendung zu einer Perspektive der Subjektivierung statt, in der das Subjekt in einem historischen und
sozialen Entstehungsprozess und darin wiederum in seiner Relationalität
begriffen wird, wodurch neue Zugriffs- und Denkmöglichkeiten des Subjekts
eröffnet werden. Subjektivierung bezeichnet aber nicht einfach ein Entfal-
tungsgeschehen des Subjekts oder ein Produktionsgeschehen, sie ist nicht
bloß in das Gegensatzpaar Autonomie oder Heteronomie auflösbar, sondern
es geht darum,

> „dass die menschliche Epigenesis sowohl als ein relationaler Prozess begriffen werden
> muss, in dem Selbst- und Anderenbezug als ineinander mehrfach verschränkt zu denken
> sind, als auch als ein figuratives Geschehen anzusehen ist, das sich nicht zu einer dieser
> beiden Seiten auflösen und in linear anordbare Faktoren, in Ursache und Wirkung zer-
> legen lässt" (Ricken 2013: 78).

Im Zuge der Subjektivierung zum Subjekt gemacht zu werden, mag widersprüchlich erscheinen, wobei Foucault damit auf das paradoxe Zusammenspiel von Selbst- und Fremdkonstitution und die Machtförmigkeit des Sub-
jektkonzepts hinweist – um als Subjekt wahrgenommen und anerkannt zu
werden, d. h. um Souveränität und somit Handlungsfähigkeit zu erreichen,
muss das Individuum sich erst einem Subjekt unterwerfen, das bereits als
solches anerkannt und verortet ist (vgl. ebd.: 80). Das Subjekt bleibt aber in
dem Akt der Unterwerfung an seiner eigenen Konstitution beteiligt und wird
folglich über seine Teilhabe an Alltagspraktiken konstituiert – die Macht der
Unterwerfung ist dabei als eine produktive Kraft zu sehen, die das Individuum zwar unterwirft, ihm dadurch aber Handlungsfähigkeit und das Ausführen sozialer Praktiken ermöglicht, in denen eine Wiederholung und Verge-
genwärtigung dieser Macht vollzogen wird (vgl. Butler 2013: 18). Individuen
werden

> „in den Praktiken zu entsprechenden Subjekten gemacht, weil und indem sie Praktiken
> ausüben und dadurch die in diesen Praktiken enthaltenen bzw. implizierten spezifischen
> Subjektformen erlernen und praktisch ausfüllen" (Ricken 2013: 83),

womit die Positionierung von Subjekten in einer gesellschaftlichen Ordnung
angesprochen wäre, innerhalb derer die Praktiken ausgeführt werden – Posi-

tion und Identität fallen dabei aber nicht zusammen (vgl. Reh/Ricken 2012: 39). Unter Praktiken sind

> „wirklich körperlich ausgeführte routinisierte Aktivitäten und Weisen, etwas zu tun, [zu] verstehen, in denen nicht nur ein praktisches Wissen (knowing how) enthalten ist, sondern auch jeweilige spezifische Intentionen und Zwecke wie auch Gefühle und Selbstverständnisse" (Ricken 2013: 82),

sie sind „grundlegende Einheiten des Sozialen" (ebd.: 82) und machtvolle Diskurse – auch das Verhältnis von Praktiken und Subjekten ist dabei von einer gegenseitigen Konstitution bestimmt, da in und durch Ausführung von Praktiken Subjekte hervorgebracht werden, die Subjekte aber untereinander die Praktiken (re-)produzieren und verändern.

Alkemeyer (2013) weist darauf hin, dass sich Praktiken an bestimmten Orten vollziehen und eigene Räume etablieren, so entstehen z.B. in der Schule durch die Praktiken des Lehrens und Lernens sozial-räumliche Positionierungen der Subjekte innerhalb des Klassenzimmers und somit ein komplexes Konstrukt an sozialen Ordnungen und (Macht-)Beziehungen, denen die Praktiken und die Subjekt-Werdung unterliegen (ebd.: 63), wobei die Bildungseinrichtungen dabei gerade vorherrschende hegemoniale Ordnungen und darin enthaltene Normalitätserwartungen aufnehmen und bestätigen und so einen entscheidenden Teil zur (Re-)Produktion der Machtverhältnisse und Unterscheidungspraxen einer Gesellschaft beitragen – Kinder erfahren in der Schule nicht nur Bildung, sondern auch, was es bedeutet „Migrationshintergrund" zu haben, „Migrant/in", „Muslim/a" oder auch „spracheingeschränkt" zu sein (vgl. Mecheril 2014a: 18).

Aus diesem Aspekt des Sozialen kann geschlossen werden, dass Subjektivierung der Vorgang ist, „in dem das ‚Subjekt' hervorgebracht und gleichzeitig in dieser Hervorbringung bereits den normativen Vorgaben des Sozialen unterworfen wird" (ebd.: 16). Das Subjekt wird von und innerhalb einer Gesellschaft nach ihren diskursiven Ordnungen erzeugt, verkörpert diese zugleich und kann sich zu ihnen verhalten und in Verhältnis setzen, bleibt aber dabei der Ordnung der Gesellschaft verhaftet und kann sich nicht außerhalb dieser erzeugen, da es sich zu allererst ihren Vorgaben unterwerfen muss.

Mit dieser Perspektive rückt nicht allein in den Fokus, wie sich das Subjekt zu den ihm vorausgehenden und es konstituierenden gesellschaftlichen Bedingungen ins Verhältnis setzt, sondern ebenso die Bedingungen einer Gesellschaft – die gewissermaßen den Horizont, vor dem die Subjekt-

Werdung sowie die Praktiken vollzogen werden, bilden – unter denen Menschen die Position, sich z.B. als migrationsgesellschaftlich spezifisches Subjekt zu denken, zu handeln und sich als solches auf gesellschaftliche Bedingungen zu beziehen, zugewiesen bekommen und als solche (erzeugt) werden (vgl. Mecheril 2014b: 17). Es werden einerseits die Zusammenhänge der wechselseitigen Hervorbringung von Subjekten eingebettet in gesellschaftliche Ordnungen und andererseits gesellschaftliche Ordnungen, die von Subjekten hervorgebracht wurden, befragt (vgl. ebd.: 18), wobei angenommen wird, „dass Subjekte selbst immer schon durch die entsprechenden gesellschaftlichen Verhältnisse ‚formiert' sind, bevor sie sich (als Subjekte) darauf beziehen können" (ebd.: 18).

Subjekte entstehen in einem Prozess, der unter dem Einfluss von Herrschafts- und Machtstrukturen steht, die das gemachte Subjekt wiederum reproduziert – es muss sich diesen Strukturen unterwerfen, um ein „freies", handlungsfähiges Subjekt zu werden. Das Subjekt ist aber nicht alleiniges Produkt von Macht, sondern einer Vielzahl von Bestimmungskräften wie Machtbeziehungen, Wissensordnungen und Selbstverhältnisse. Unter Einfluss dieser Kräfte nimmt das Subjekt auf sich und nehmen andere auf das Subjekt in vielfachen Formen Bezug. Vor allem der Selbstbezug verdeutlicht dabei, dass das Subjekt zwar konstruiert wird, sich aber zugleich selbst konstituiert (vgl. Saar 2013: 22). Das Subjekt ist demnach nicht einfach der Macht ausgeliefert und determiniert, sondern befragt im Ausführen der Alltagspraxen im Rahmen herrschender Ordnungen dieselben, da in der wiederholten Ausführung dieser Praxen ein abweichendes und subversives Moment zu entdecken ist und somit das Individuum an der Subjektivierung als aktiv beteiligt deutlich bleibt (vgl. Alkmeyer 2013: 38). Praktiken sind dabei in zwei Richtungen zu denken, einerseits erlernt sich das Subjekt in und durch Praktiken, andererseits sind die Praktiken Ausdruck und Formation der vorherrschenden Ordnung. Gerade symbolische Ordnungen wie kulturelle Differenzordnungen sind auf wiederholte Performanz angewiesen, worin ihre selbstverständliche und fraglose Geltung gründet. Da die Praktiken nie exakt nach Normvorstellung, sondern mit leichten Abweichungen ausgeführt werden, entsteht dadurch eine Möglichkeit zur ständigen Verschiebung und Veränderung der Ordnungen – der migrationsgesellschaftlichen Ordnung, die etwa auf natio-ethno-kulturelle Zugehörigkeitsordnungen rekurriert, haftet Unbestimmtheit, Mehrdeutigkeit und Vagheit an (vgl. Mecheril 2014a: 18).

Ricken (2013) postuliert, dass Menschen nicht nur zu Subjekten werden, weil sie an (sozialen) Praktiken – einem Set von „doings" und „sayings" – teilhaben und diese vollziehen, sondern weil sie im Vollziehen dieser Praktiken von anderen anerkannt und adressiert werden (vgl. ebd.: 84) – wobei Anerkennung als über Wertschätzung hinausgehend verstanden wird. Bedeutung erhält sie in diesem Kontext als Zusammenhang von Bestätigung und Versagung: Um jemand zu sein, muss das Subjekt anerkannt werden; um unabhängig zu sein, muss es sich in Abhängigkeit begeben – wie bei der Subjektivierung tritt auch hier ein paradoxes Verhältnis in dieser Perspektive auf die Subjektkonstitution auf: Die Abhängigkeit oder Unterwerfung des Individuums muss sich dabei auf ein vom nach Subjektivierung Strebenden unabhängiges Subjekt beziehen, einen selbstständigen Anderen, der das Individuum anerkennt und somit das Subjekt als solches hervorbringt (vgl. ebd. 89). Anerkennung ist als grundlegende Struktur der Genese von Subjektivität erkennbar und somit ein stiftendes Handeln, das das Subjekt zuerst bestätigt und durch die Bestätigung auch hervorbringt (vgl. Reh/Ricken 2012: 41f.).

Ricken (2013) arbeitet verschiedene Aspekte der Anerkennung heraus, wobei der sich auf Butler beziehende besonders zentral zu sein scheint, da er auf die Macht in der Anerkennung verweist: Es ist bedeutend anerkennbar zu sein, aber um dies zu sein, muss man sich Strukturen und Praktiken unterwerfen – jedoch nicht vollständig, um als ein unverwechselbarer Jemand anerkannt zu werden, auf den man durch Anerkennung festgelegt und reduziert wird. So wird die Abhängigkeit von anderen und sozialen Normen deutlich, erst durch diese ist ein Selbstbezug und somit ein Erlernen und Erkennen des Selbst möglich (da wir uns zu anderen ins Verhältnis setzen und uns zu diesem Ins-Verhältnis-Setzen wiederum ins Verhältnis setzen) (vgl. ebd.: 91). Die von Butler definierte Machtkomponente gipfelt darin, dass wir anderen nicht nur ausgeliefert und in unserem Streben nach Anerkennung verletzbar sind, sondern gerade nach diesen Verletzungen streben (vgl. ebd.: 91f.).

Ricken schließt, dass Anerkennung als gelingende Anerkennung gar nicht möglich sein kann, da sie den Anerkannten als jemand Bestimmten anerkennt und festlegt, damit gleichzeitig verkennt und eine Differenz in der Verkennung entsteht, in der ein besonderes Moment der Anerkennung zu finden ist, „nämlich das Zugeständnis einer unbestimmten Differenz des oder der Anderen, der oder die immer auch anders ist, als ich ihn oder sie er- und anerkennen kann" (ebd.: 92). In der Anerkennung als Subjekt werden ebenso natio-ethno-kulturelle Zugehörigkeitsordnungen aufgerufen, über die das Subjekt als Teil eines „Wir" verortet oder von diesem „Wir" ausgeschlossen wird –

Zugehörigkeit fungiert dabei als eine machtvolle Unterscheidungspraxis. Über Anerkennung kann das Subjekt Zugehörigkeit und somit Handlungsfähigkeit erlangen, die allerdings nur unter den Bedingungen der Ordnungen entstehen kann, die den Rahmen der Handlungsmöglichkeit und -wirksamkeit, die ein bestimmtes migrationsgesellschaftliches Subjekt vorfindet, vorgeben. So lassen sich unter dem Einfluss symbolischer und rechtlicher Ordnungen verschiedene Handlungsrahmen für verschiedene Subjekte nach Zugehörigkeit hierarchisiert ausmachen.

Anerkennung kann als Adressierung operationalisiert und als grundsätzliche Struktur in und von Kommunikation und Interaktion interpretiert werden, somit wird jegliche Kommunikation, ob positiv (wertschätzend) oder negativ (abwertend), in die Betrachtung eingeschlossen und der Fokus darauf gelegt, „wie man von wem vor wem als wer angesprochen bzw. explizit oder implizit adressiert wird und zu wem man dadurch von wem und vor wem gemacht wird" (ebd.: 92). Butler führt hier Althussers Konzept der Anrufung – am Beispiel des Rufes eines Polizisten, der einen Passanten mit „Hey, Sie da" (Althusser 1977: 142) anspricht – weiter am Beispiel der geschlechtlichen Anrufung eines Kindes bei der Geburt (vgl. Butler 1997: 29f.). Mit der Aussage „Es ist ein Mädchen" erhält das Kind zwar durch die Anrufung den Subjektstatus, muss aber zugleich im Laufe des Heranwachsens die Festlegung, sich als weiblich bestimmtes Subjekt wahrzunehmen und zu positionieren bzw. positioniert zu werden, akzeptieren und sich der heterosexuellen Ordnung mit ihren normativen Erwartungen beugen, sich zu dieser ins Verhältnis setzen und diese Erwartungen in Wiederholung der Norm erfüllen, um den eigenen Subjektstatus zu sichern, wodurch aber die herrschenden Differenzordnungen (in diesem Fall die Geschlechterordnung), denen sie in der Anrufung unterworfen wurde, reproduziert und bestätigt werden (vgl. Rose 2014: 62). Wie bei der Anerkennung besteht hier allerdings „die Möglichkeit einer Kluft zwischen normativen Anrufungen und der Art und Weise, wie die Einzelnen ihnen entsprechen" (ebd.: 62), da die Angerufenen in der Wiederholung der Norm und durch das Ins-Verhältnis-Setzen zu dieser möglicherweise eine Abweichung und dadurch eine Verschiebung erzeugen. Eine Veränderung der Ordnung ist dadurch zwar möglich, gleichzeitig birgt eine „falsche" Wiederholung der gesellschaftlichen Norm die Gefahr in sich, weiteren Sanktionen unterworfen zu werden und die vorherrschenden Existenzbedingungen bedroht zu sehen (vgl. Butler 2013: 32).

Adressierung bzw. Ansprache ist ein zutiefst subjektivierender Vorgang: In der Ansprache wird der Angesprochene anerkannt, er setzt sich zur Ansprechenden in ein Verhältnis und in ein Verhältnis zu diesem Verhältnis und wird innerhalb der geltenden Ordnungen als jemand hergestellt – dieses Subjektivierungsgeschehen ist nicht als eine einseitig wirkende Macht der Ansprechenden zu verstehen, die den Angesprochenen hervorruft, sondern wird erst durch die Verkettung von Adressierung und Re-Adressierung deutlich (vgl. Reh/Ricken 2012: 44).

In Adressierungen sind mehrere Funktionen enthalten: sie selektieren (unterscheiden zwischen Angesprochenen und nicht Angesprochenen), verpflichten auf eine Reaktion (selbst ein Ignorieren der Ansprache ist bereits als Reaktion zu werten, da sich der/die Angesprochene in ein Verhältnis zur Ansprache setzt; körperliche Akte werden dabei ebenso als (Re-)Adressierung angesehen) und weisen dem/der Angesprochenen eine soziale Rolle und Aufgabe sowie einen Horizont und normativen Kontext zu (vgl. Anrufung als Mädchen). Durch Adressierungen werden Subjekte positioniert, wobei nicht nur die Verortung angesprochen ist, sondern eine ständige Form des sich Ins-Verhältnis-Setzen zu sich selbst, den anderen und der Welt – durch die Ansprache wird das Subjekt in Verhältnis zum/zur Ansprechenden gesetzt und setzt sich wiederum zu dieser Beziehung in ein Verhältnis. Auch hier entsteht wieder die Diskrepanz zwischen dem, wie man sich selbst (wahrgenommen) sieht und wie der/die Andere wahrgenommen und zu mir ins Verhältnis gesetzt wird. Nicht zuletzt wohnt der Adressierung eine Wertzuschreibung inne, die für die in den Prozess der Adressierung und Re-Adressierung eingebundenen Subjekte von entscheidender Bedeutung ist (vgl. Ricken 2013: 94f.).

Abschließend kann abgeleitet werden, dass Andere für das Subjekt von essentieller Bedeutung sind, da es als sich von Anderen bestimmt unterscheidend und zu Anderen in Verhältnis setzend zu verstehen ist und sich erst in dieser Relationalität von Selbst- und Anderenbezug erlernt, die wiederum mit einem Netz gesellschaftlicher Ordnungen und Herrschaftsstrukturen in Verhältnis zu setzen sind, die eine normative Rahmung für die potentielle Subjektwerdung bilden. Durch die Perspektive der Subjektivierung lassen sich dieses komplexe machtvolle, wechselseitige Verhältnis von Subjekt und Ordnung bzw. die Entstehungsbedingungen des Subjekts in der Gesellschaft einer Betrachtung unterziehen. Das Subjekt erscheint als Strukturen und Praktiken unterliegend und gleichzeitig diese mitformend und verändernd, aus diesen hervorgehend und diese gestaltend, da es aus der Unterwerfung unter die herrschenden Ordnungen Handlungsfähigkeit erreicht. Der Wandel der Gesellschaft bedeutet unter dieser Sichtweise einen Wandel des Subjekts, die Hinterfragung seiner Identität und seines Selbstverständnisses sowie des (historisch gewachsenen) Selbstverständnisses einer gesamten Gesellschaft (vgl. Saar 2013: 26f.).

Mit der Perspektive der Anerkennung und ihrer Operationalisierung als Adressierung lassen sich gerade die Presseaussendungen unter dem Aspekt, wer wie vor wem mit welchen Auswirkungen angerufen wird, und welche Auswirkungen dies auf eine Migrationspolitik bzw. Wahrnehmung Migrationsanderer (und Zugehörigkeitsordnungen) hat, genauer betrachten. Dabei werden Fragen nach den machtvollen Herrschaftsstrukturen unterliegenden Positionierungsmöglichkeiten eines migrationsgesellschaftlichen Subjekts, nach den bestehenden Handlungsmöglichkeiten, nach der Anerkennung und Adressierung von Subjekten innerhalb einer migrationsgesellschaftlichen Ordnung sowie danach, wie sie diese Ordnungen reproduzieren, schwächen oder verändern können, einer Beantwortung angenähert. Eine Analyse der Subjektivierung ist „immer eine doppelte: Sie geht den Bedingungen der Subjektbildung und der Wendung gegen diese Bedingungen nach, durch die das Subjekt – und seine Perspektive – erst entsteht" (Butler 2013: 33). Subjektivierung richtet sich auch gegen eine universale Sichtweise auf das Subjekt, gegen Pauschalisierungen und Kulturalisierungen und verdeutlicht, wie Verfestigungen der Vorstellungen von Normalität und Anormalität entstehen und wie diese durch Normalitätserwartungen in der Subjektbildung bestätigt werden.

3.2   Othering

Bereits eingangs wurde angedeutet, dass z.B. über die Benennung „mit Migrationshintergrund" symbolische Differenzlinien nach Zugehörigkeitsordnungen zwischen zwei Gruppen erzeugt werden, die häufig zu Schlechterstellungen für die mit dieser Bezeichnung versehene Gruppe führt und sie als Abweichung von der Mehrheitsgesellschaft herstellt. Diese hegemoniale und subjektivierende Unterscheidungspraxis kann als Othering bezeichnet werden.

Im Konzept des Othering wird in Anlehnung an Edward Said (1978), der in seinem Werk „Orientalismus" die vom „Okzident" ausgehende, eurozentristische und von einem Überlegenheitsgefühl bestimmte Betrachtung des „Orients" beschrieb, und von Gaytari Spivak (1985) geprägt, eine Praxis bezeichnet, in der „Fremde", durchaus gewaltvoll, erzeugt werden und als Grundlage zur Bildung eines „Wir" dienen, das sich von einem „fremden" „Nicht-Wir" unterscheidet und sich von diesem abgrenzend als zusammengehörende Gemeinschaft Bestätigung findet (vgl. Castro Varela/Mecheril 2010: 42). Wie die Abgrenzung der Konstruktionen „Orient" und „Okzident", Westen und (Naher) Osten, wird auch in der Migrationsgesellschaft die Konstruktion zweier miteinander unvereinbarer Gruppen vollzogen: eines natio-ethno-kulturellen „Wir" und eines natio-ethno-kulturellen „Nicht-Wir".

Diese Unvereinbarkeit basiert auf einem konstruierten Wissen, das das „Nicht-Wir" kontrastierend festlegt. „Wir" wird dabei stets als positiv und vor allem normativ dargestellt, um das „Nicht-Wir", das „Fremde" in eine hierarchisch untergeordnete Position zu drängen. Gegenteilpaare wie westlich – östlich, reich – arm, zivilisiert – unzivilisiert, kulturnah – kulturfern finden dabei ihren Ausdruck nicht nur in der Sprache der Medien und des Alltags, die diese Praxis ständig aufrufen und wiederholen, sondern u.a. auch in Gesetzen und Institutionen, in denen „Fremde" eine andere Behandlung erfahren. Durch die dauerhafte Wiederholung dieser konstruierten Wissensordnungen erhalten diese einen „natürlichen" Charakter und können sich unhinterfragt in einer Gesellschaft als Allgemeingut etablieren. Im Othering lässt sich somit einerseits in der Wissensproduktion, aber andererseits auch in den Positionierungsangeboten eine klare Machtasymmetrie erkennen: Das „Nicht-Wir" wird vom „Wir" definiert und davon ausgehend positioniert; die im „Nicht-Wir" festgeschriebenen Subjekte erhalten eine begrenzte Handlungsfähigkeit und bestätigen scheinbar, indem sie diese nutzen, wiederum ihre marginalisierte Stellung (vgl. Mecheril/Thomas-Olalde 2011: 36). Das „Nicht-Wir" setzt sich, entgegen seiner homogenen Auffassung durch das „Wir", aus Menschen verschiedenster Erstsprache, Herkunft, Nationalität, Religion und Kultur zusammen. Als solches ist es jedoch zu komplex, um als Kontrast für das „Wir" zu funktionieren – „mit Migrationshintergrund" scheint wie gemacht dafür, diese Diversität unter einen Begriff zu bringen und so mit einer kollektiven Identität einzuschränken. Der „Migrationshintergrund" ist dabei ein Marker, der selbst ein vermeintlich assimiliertes Subjekt als Andere/n kennzeichnet und eine Zugehörigkeit zum „Wir" verhindert, er ist eine subjektivierende Praxis, die Andere herstellt und festschreibt.

Ein gegenwärtig vorherrschendes, ähnlich funktionierendes Mittel, um eine Gruppe der Anderen herzustellen, ist Religion, welche meist als negativer Aspekt den Migrationsanderen zugeschrieben wird. Nicht die dominante Religion bzw. die Rolle der Religion in der säkularen Gesellschaft wird nun thematisiert, sondern die Religion der Anderen. Während Religion für Mehrheitsangehörige keine relevante Kategorie darstellt, wird sie für „andere" Gruppen zum zentralen Bestandteil ihrer Identität erhoben (vgl. ebd.: 36f.). Dabei werden u.a. stark antimuslimische Stereotypen (re-)produziert, wie die des rückständigen muslimischen Migranten und der unterdrückten muslimischen Frau, die ein Kopftuch trägt, und in ihrer angeblichen Unvereinbarkeit mit dem Westen von einem nichtmuslimischen „Wir" unterschieden. Nicht mehr die Herkunft und das Überschreiten von territorialen Grenzen kennzeichnet hier die „Migrant/innen", die „Anderen", sondern ihre (von den „Nicht-Anderen" zugeschriebene) Religion wird zur Identitätszuschreibung und Subjektivierung herangezogen. Das „muslimische Subjekt" wird definiert, erklärt und auf Religion reduziert als unvereinbares, rückständiges Anderes hervorgebracht (vgl. ebd.).

Daraus folgt, dass die Zugehörigkeit von Menschen nicht von ihnen „autonom" bestimmt wird, sondern in diskursiven Praxen erlernt und durch von Institutionen, Politik und der Gesellschaft machtvoll geschaffenen Kategorien und Ordnungen entwickelt wird und dadurch regelt, wer zugehörig ist bzw. bestimmte Rechte, Pflichten und Möglichkeiten hat und wer nicht (vgl. Mecheril/Melter 2010).

Auch wenn das „Wir" das „Nicht-Wir" unterwirft und einschränkt, so ist es doch von diesem abhängig, da es sich erst in der Abgrenzung herzustellen vermag. In der Migrationsgesellschaft werden symbolische Ordnungen und Normalitätsvorstellungen nationaler Identitäten ständig verunsichert, hinterfragt und dadurch wieder bestärkt (dies wird deutlich, wenn sich die Ab- und Ausgrenzung von Migrationsanderen in vielen Bereichen zwar noch symbolisch, aber nicht mehr rechtlich aufrechterhalten lässt, wie im Falle von EU-Bürger/innen).

Othering ist eine machtvolle, hegemoniale, subjektivierende Praxis, die über vom dominanten „Wir" konstruiertem Wissen Andere schafft und positioniert und dadurch deren Zugang zu Ressourcen und ihre Handlungsfähigkeit reglementiert bzw. daraus folgenden Einschränkungen, Ausgrenzungen und Schlechterstellungen nach Zugehörigkeitsordnungen legitimiert. Zugleich wird das „Wir" positiv hervorgehoben und von den Anderen abgegrenzt. Zugehörigkeiten werden dabei über Kategorien wie Kultur, Physiognomie, Nationalität und Sprache – in Form von Benennungen sowie in der Aushandlung von legitimen Sprecher/innen und legitimen Sprachen – festgeschrieben. Dieser sprachliche Aspekt soll im nächsten Kapitel behandelt werden.

3.3   Verletzende Worte

Wie bereits eingangs definiert, ist Kommunikation in Berufung auf Austins Sprechakttheorie nicht bloß ein Austausch über Sachverhalte, sondern die in ihr getätigten sprachlichen Äußerungen sind Sprechakte, welche die in ihnen beschriebenen Handlungen (eingebettet in gesellschaftliche Praktiken) vollziehen. Da diese performativen Akte eine außersprachliche Wirkung erzielen, unsere soziale Welt konstruieren und somit als ein Handeln anzusehen sind, lässt sich der Schluss ziehen, dass dieses Handeln nicht nur zum Wohle der Adressierten geschieht, sondern dass durch Sprache auch Verletzungen und somit Gewalt ausgeübt werden kann, weshalb sich die eine lange Zeit im Denken vorherrschende „Trennlinie zwischen der dem Geistigen nahen Sprache einerseits und der dem Körper verbundenen Gewalt andererseits" (Erzgräber/Hirsch 2001: 7) nur schwer aufrecht erhalten lässt. „Mit Sprache können wir Gewalt nicht nur beschreiben, ankündigen oder androhen, sondern auch selbst Gewalt zufügen" (Hermann/Kuch 2007: 7). Während physische Gewalt relativ eindeutig erkennbar ist, agiert sprachliche Gewalt verdeckter und ist aufgrund ihrer Immaterialität schwieriger nachzuvollziehen und vor allem zu beweisen, da die durch Sprache zugefügten Wunden nicht bluten und keine Narben bilden. Zweifellos aber können erfahrene Beleidigungen oder Demütigungen die Leben der Opfer schwer beeinträchtigen und sogar gefährden. Eine Drohung, die sich gegen eine Person richtet, kann für unbegrenzte Zeit bestehen und die bedrohte Person in ihrem Leben einschränken, ohne der Person tatsächlich die angedrohte (physische) Gewalt erfahren zu lassen.

Sprachliche Gewalt ist dabei eine symbolische Verletzung, eine Bedrohung für das symbolische Leben und somit eine Gewalt, „der wir nicht in erster Linie als körperliche, sondern als soziale Wesen ausgesetzt sind" (Herrmann/Kuch 2007: 180). Diese Überlegung führt uns zurück zum oben beschriebenen subjektivierenden Aspekt der Sprache, der in der Anrufung liegt. Erst in der Ansprache werden wir als Subjekte hervorgerufen, erhalten eine Existenz im sozialen Raum, welcher die Sprache und die Anrufung vorausgeht – bevor wir reden, werden wir angesprochen, bevor wir hören, wird geredet (vgl. Krämer 2007: 40). Wir müssen uns der Sprache aussetzen, ihr unterwerfen und sind von ihr abhängig, um Subjekte zu werden, weshalb wir notgedrungen auch potentiell verletzendem Sprechen ausgesetzt sind und uns diesem ausliefern, da selbst in ihm eine Form von Anerkennung als Subjekt zu sehen ist. Durch die Ansprache erhalten wir die Möglichkeit uns im sozialen Raum als jemand zu positionieren und uns zu dem Positionsangebot in ein Verhältnis zu setzen, dieses wahrzunehmen, abzulehnen oder zu verändern, indem mit einer Reaktion, einer Re-Adressierung, auf die Ansprache geantwortet wird. Über den wechselseitigen Prozess von Ansprache und Antwort wird ein Aushandeln von Subjektpositionen vollzogen. Wir sind somit sprachliche Wesen, die durch Sprache erschaffen werden und sich wohl auch dadurch zerstören lassen.

Zentral für Subjektivierung ist die kennzeichnende Abhängigkeit von Anderen und deren Anerkennung. Sprechen ist ein intersubjektiver Vorgang, wobei der/die Sprechende eine Antwort oder Reaktion benötigt, um selbst als Subjekt erkannt zu werden: „Wir können uns nicht selbst ins Soziale sprechen, ins Soziale werden wir immer nur durch Andere gesprochen" (Hermann/Kuch 2007: 182) – das Ausbleiben einer Antwort würde den Subjekt-Status der sprechenden Person negieren und ihre soziale Existenz gefährden. Dieses relationale Wechselspiel von Adressierung und Re-Adressierung ist für die Subjektwerdung daher unumgänglich. Erst durch die soziale Praxis des Sprechens erfahre ich mich durch die Anderen und kann mich in Verhältnis zu ihrer Ansprache setzen. Durch die Adressierung wird ein sozialer Raum aktiviert, in dem die Subjekte Positionen zugeschrieben bekommen, von denen aus sie sich zum sozialen Raum verhalten können. Dabei sind sie den Normen des sozialen Raums unterworfen, wobei dessen Existenz wiederum von den Subjekten und der Einhaltung seiner Normen durch diese abhängig ist.

Wir sprechen daher häufig nicht nur, um wichtige Informationen über Dinge oder Sachverhalte zu vermitteln, sondern um uns gegenseitig in unseren Positionen und unserer Existenz als Subjekte zu versichern und den sozialen Raum, in dem wir uns bewegen, zu (re-)produzieren. Nach Emmanuel

Levinas lässt sich somit ein „Sagen" von einem „Gesagten" unterscheiden (vgl. Levinas 1998: 100f.): Im Sagen steht das subjektivierende Element der Adressierung im Vordergrund, das Kommunizieren als Anerkennung eines Subjekts und als Streben nach Re-Adressierung – es geht darum, dass gesprochen wird und ein Verhältnis zwischen Selbst und Anderen entsteht (vgl. Herrmann/Kuch 2007: 184).

> „Das ‚Sagen' ist das Ereignis einer Ausgesetztheit und einer Verantwortung, in welcher der Mensch in der Welt und in jeder denkbaren sozialen Beziehung auftaucht, die er nicht wählen, der er nicht entfliehen, der er nie entkommen kann" (Hirsch 2001: 27)

Im Sagen liegt ein Zwang, der durch die Unausweichlichkeit der Ansprache entsteht; das in der Ansprache entstehende Verhältnis zwischen den Sprechenden und deren Konstitution als Bestimmte ist nicht aufzuhalten und ist als ein macht- und gewaltvoller Vorgang anzusehen. Das Gesagte hingegen bezeichnet allein die Übermittlung von Bedeutung, das Kommunizierte, und ist als solches kaum vom Sagen zu trennen.

Wir sind von Ansprache existenziell abhängig, darin ist auch der Grund zu sehen, weshalb wir selbst Beleidigungen und Beschimpfungen akzeptieren (vgl. Hermann/Kuch 2007: 189), da „wir lieber erniedrigt, als gar nicht angesprochen werden" (Butler 2006: 45). Bevor wir gar nicht als Subjekte anerkannt werden und uns außerhalb des Sozialen verorten, gereichen uns negative Ansprachen zur Selbstversicherung. Jedoch besteht die Möglichkeit, die in der Ansprache erhaltene, womöglich degradierende, Subjektposition zu verändern und neu zu gestalten, indem wir uns zur Ansprache verhalten, was jedoch davon abhängt, wo wir positioniert werden.

Subjektivierung sowie Ansprache ist kein einmaliger Prozess, sondern ein notwendigerweise sich wiederholender und verändernder: So wird kaum jemand ernsthaft – im Rahmen von ironischen Wortspielen oder Scherzen ist dies natürlich möglich – eine Greisin als „Mädchen" bezeichnen, selbst wenn dies für sie in ihren Kinderjahren eine nach der Konvention passende Bezeichnung gewesen wäre, gegenwärtig wird es ihr jedoch nicht gerecht. „Durch diese begrenzte Zeitlichkeit stehen wir in einer dauerhaften Abhängigkeit von der Ansprache durch andere" (Herrmann/Kuch 2007: 189). Wir werden in verschiedenen Kontexten und im Laufe der Zeit von verschiedenen Menschen unterschiedlich angesprochen, erhalten neue soziale Positionen oder werden in den bestehenden festgeschrieben. Entscheidend ist dabei die wiederholte Ansprache, die uns immer wieder, bestätigend oder verändernd, neu hervorbringt.

Wie sich ein Subjekt nun zu seiner Ansprache durch ein anderes Subjekt in Verhältnis setzt bzw. setzen kann, hängt allerdings von seiner Position im sozialen Raum ab, der sich verändert, sobald ein Dritter in dieses Wechselspiel eintritt, wodurch die wechselseitige Anerkennung, die auf gegenseitige Abhängigkeit im Zuge der Subjektivierung basiert, unterbrochen wird und die Macht der gesellschaftlichen Ordnung zum Ausdruck kommt. Die sprechende Person ist nicht mehr von der Anerkennung der Adressierten abhängig, sondern kann diese von einer außenstehenden, beobachtenden Instanz erhalten (ebd. 190), sie kann somit die Adressierte mit Sprache bedenkenlos verletzen, da sie nicht mehr von deren Anerkennung abhängig ist, sondern diese bereits durch einen Dritten erfährt, der gleichzeitig die Verletzung als Abwertung anerkennt. Das Subjekt, über das gesprochen wird, kann sich dabei nicht vor der verletzenden Anrufung schützen und muss nicht wissen, dass es in seiner Konstitution eine Abwertung erfährt (vgl. Hirsch 2001: 32). Hier wird eine Machtasymmetrie ersichtlich, die den gesamten Prozess der Anrufung durchzieht und erklärt, weshalb selbst verletzende Ansprache Anerkennung ist: Denn wenn mich niemand anspricht, jeder mich ignoriert, wird mein Subjekt-Sein gefährdet, da ich von der Ansprache anderer abhängig bin. Darin wird das subjektivierende Moment deutlich: Ich muss mich zuerst unterwerfen, die Ansprache anerkennen, um Handlungsfähigkeit zu erreichen – selbst in der positiven Ansprache ist so eine Form von Unterwerfung zu sehen. Diese Unterwerfung ist eine notwendige, ich muss mich der Sprache aussetzen und lasse mich so als jemand feststellen, was aber nicht notwendigerweise in einer Schlechterstellung resultieren muss. Erst wenn die Worte auf eine Herabsetzung, Erniedrigung oder Abwertung des Subjekts zielen und die Angesprochene auf eine minderwertige Position zuweisen (sollen), werden sie als verletzend deutlich (vgl. Hermann/Kuch 2007: 192).

Wir sind als Subjekte durch Sprache verletzbar, weil sie uns vorhergeht und unsere Subjektwerdung bestimmt. Erst durch die Ansprache der Anderen werden wir hervorgerufen und erhalten eine Identität, die – selbst, wenn sie uns gerecht werden will – uns immer als Bestimmte (v)erkennt. In dieser Festlegung und Verkennung ist bereits ein Moment der Gewalt zu sehen. Wir werden schließlich durch die Benennung mit einem Eigennamen mit einem einzigen Wort namentlich im Sozialen festgelegt, obwohl wir als Subjekte in dieser Reduktion nicht zu fassen sind (vgl. Hirsch 2001: 32). Krämer sieht in dieser Anrufung mit dem Eigennamen ein Beispiel für die Herstellung unseres sozialen Körpers, der ein symbolischer ist und somit durch die symbolische Ebene der Sprache verletzbar wird – diese Herstellung ist aber ein willkürlicher, machtvoller Prozess, in dem wir zu einer Gemeinschaft an einer bestimmten Position zugeordnet und anrufbar werden – zugleich sind wir auf diesen Prozess angewiesen (vgl. Krämer 2005: 6).

Dass Sprache verletzen kann, liegt somit in der Abhängigkeit der Subjekte von ihr begründet, deren Existenz gefährdet ist, sofern sie von der (An-)Sprache ausgeschlossen werden. Auch die Positionierungen, die das Subjekt über Sprache erfährt, können verletzen, da sie einerseits verkennen und andererseits eine Abwertung, Herabsetzung oder Erniedrigung darstellen können, die dem Subjekt eine prekäre Position im sozialen Raum zuweisen bzw. sie von einer privilegierteren Position ausschließen (vgl. Hermann/Kuch 2007: 192).

> „Demütigung und Kränkung sind die Negation von Anerkennung und sie haben verletzende Kraft, da sie die Identität einer Person destabilisieren, welche auf die stützende Funktion der Anerkennung angewiesen ist." (Deines 2007: 277)

Nicht zuletzt liegt in dieser Herabsetzung und Destabilisierung der Ausgangspunkt einer weiteren subjektivierenden Praxis begründet: der des Othering. Das Sprechen einer Sprache macht Menschen als Mitglied einer Sprachgemeinschaft kenntlich und trennt sie von einer Gruppe, die diese Sprache nicht spricht und somit in monolingualen nationalstaatlichen Zugehörigkeitskontexten nicht zugehörig ist (vgl. Krämer 2007: 43). In und durch verletzendes Sprechen werden Andere hergestellt und häufig nach binären Klassifikationen unterschieden, ihnen werden prekäre Orte in der Gesellschaft zugewiesen, in denen sie nur noch schwer Gehör finden und schwer Positionen legitimer Sprechender einnehmen können. Wer nicht gehört wird, wird häufig auch nicht adressiert, sondern über den wird höchstens noch gesprochen, weshalb es schwierig für die betreffenden Subjekte wird, sich als solche im Sozialen zu behaupten.

Die Verletzung durch Sprache liegt in der Abhängigkeit der Subjekte für ihre Konstitution begründet. Sprache ist dabei eine subjektivierende Kraft und entfaltet eine machtvolle Wirkung in der gesellschaftlichen Ordnung. Sprache ist Macht, sie prägt Machtverhältnisse, ist aber zugleich von diesen geprägt, da diese in und durch Sprache (re-)produziert werden. In der Nazi-Diktatur wurde Sprache so etwa gezielt eingesetzt, um gewaltvolle Diskurse zu erschaffen, die eine Herrschaft ausdrücken und legitimieren sollten, aufgrund deren ununterbrochenen Aufruf durch die Propagandamaschinerie wir bis heute mit den Begriffen aus dieser Zeit kämpfen (vgl. Hirsch 2001: 17) – die wiederholte Performanz und Aktualisierung der missachtenden Begriffe ist dabei für ihre bestehende Wirkung von Bedeutung. Verletzendes Sprechen ist nicht immer bewusst angewandt und kontrolliert eingesetzt „vielmehr iteriert und reproduziert es oft eine verletzende d. h. gewaltsame Sprache, deren Gebrauch ihm nicht einfach entglitten ist, sondern von deren verletzendem Effekt es kein Wissen hat." (Hirsch 2001: 23) Auch Krämer verdeutlicht diese Problematik:

> „Einerseits werden wir verletzbar durch das Sprechen der anderen, insofern uns dieses Sprechen missachtet und erniedrigt. Andererseits ist das Missachtungspotenzial von Worten nicht einfach zurückrechenbar auf die persönlichen Intentionen von Sprechern, sondern verdankt sich der geschichtlichen Sedimentierung von aggressiven Sprachpraktiken, die sich in schimpflichen Äußerungen rituell verdichten können und in konkreten Beleidigungen jeweils aktualisiert werden." (Krämer 2007: 40)

Krämer weist darauf hin, dass in Äußerungen nicht nur explizit verletzt wird, sondern dies häufig verdeckt z.B. in der Anwendung der Partikel „aber" oder „sogar" passiert und dadurch, dass die verletzten Personen nicht direkt angesprochen, sondern sie zum Gegenstand der Rede werden und über sie gesprochen wird (vgl. Krämer 2007: 45). „Er ist Ausländer, aber anständig" verweist auf ein negatives Stereotyp, dass Ausländer/innen krimineller wären als Mitglieder der Mehrheitsgesellschaft. Das vermeintliche Lob der einen Person dient in der Hervorhebung und Abgrenzung von der homogenen Masse der Ausländer/innen als Bekräftigung des Stereotyps, trennt diese von der Mehrheitsgesellschaft ab und stellt die Legitimität und Notwendigkeit ihrer Anwesenheit in Frage. Der Adressat wird zwar nicht direkt beteiligt, aber als Mitglied der in der Aussage diskreditierten Gruppe abgewertet. Verletzendes Sprechen und verletzende Sprachpraktiken scheinen im hegemonialen Sprachgebrauch bereits angelegt zu sein.

Da verletzende Worte eine soziale Praxis darstellen, wird deutlich, dass ihre Wirkung von dem Ort, der Autorität des Sprechers/der Sprecherin und dem Kontext abhängt, in dem sie geäußert werden. Soziale Machtverhältnisse werden in den sprachlichen Äußerungen ersichtlich und durch diese ausgedrückt, weshalb die Verletzungskraft sprachlicher Gewalt nicht auf die individuelle Empfindlichkeit eines Subjekts reduziert werden kann, sondern untersucht werden sollte, was die „Äußerung mit der Angesprochenen im Sozialen tut" (Hermann/Kuch 2007: 195). Indem ich verletzendem Sprechen ausgesetzt werde, wird meine Subjektposition verunsichert; durch das gewaltvolle Verhältnis, in das sich der andere zu mir setzt, muss ich mein eigenes Selbstverhältnis hinterfragen. Während eine einmalige Beschimpfung vielleicht nur eine Irritation bewirkt, kann wiederholtes Herabwürdigen zu einer tatsächlichen schlechteren sozialen Position führen.

Sprache ist jedoch immer Gewalt, der wir uns „freiwillig" aussetzen, um Subjekte zu werden. Wir sind durch Sprache hervorgebracht und somit sprachliche Wesen, die sich in der sozialen Praxis der Sprache erlernen und sich über Sprache zueinander in Verhältnis setzen. Dadurch wird eine Position im sozialen Raum, in der Gesellschaft erlernt und mit dieser Position auch die Legitimität und Autorität des eigenen Sprechens festgelegt – diese Position ist allerdings keine finite. Es hängt also davon ab, als wer wir sprechen, welche Kräfte wir hinter uns vereinen können (Gruppen, Institutionen, Vereine, Clique...), um mit Macht zu sprechen, vor welchem Hintergrund wir dies tun, mit wem wir kommunizieren und welcher Worte wir uns bedienen. Verletzendes, missachtendes Sprechen bedroht unseren Subjektstatus, unsere Position in der Gesellschaft und unsere Handlungsfähigkeit.

In der Analyse der Presseaussendungen und der dabei auftretenden Frage, wo und wie diese Menschen positioniert werden und ob die Inhalte möglicherweise missachtend oder verletzend sind, müssen die gesellschaftlichen und sozialen Rahmenbedingungen, unter denen diese kommuniziert werden, mitbetrachtet werden.

4.   Integration

Die politische und öffentliche Migrationsdebatte ist gegenwärtig nicht ohne den Begriff „Integration" zu denken, im Gegenteil, sie wird mittlerweile von diesem und den damit einhergehenden Forderungen zentral bestimmt. Allerdings ist Integration kein migrationsspezifischer Begriff, da eine Gesellschaft ohne Migration schließlich nicht zwingend als integrierte Gesellschaft zu bezeichnen ist (vgl. Perchinig 2010: 13).

Die Debatte und Ausrichtung der Integrationspolitik leidet unter ihrem häufig populistischen und jeder wissenschaftlichen Grundlage entbehrenden Einbezug in politische Stimmungsmache und Wahlkämpfe. Kurzerhand wird pauschal zwischen integrationswilligen und -unwilligen Menschen unterschieden, wobei zuvor mit der vorgenommenen Zuschreibung „Migrationshintergrund" bereits konkret bestimmt wurde, welche Individuen Integration zu betreiben haben und in diesem Rahmen von Forderungen und Sanktionen betroffen sein werden.

> „Der Integrationsdiskurs basiert auf Negativnarrativen, über die ‚verweigerte', ‚misslungene', die ‚verpasste' oder gar die ‚unmögliche' Integration. Gerade aus dieser Negation entfaltet der Integrationsimperativ seine normative Kraft." (Mecheril 2011)

Erst kürzlich sorgte etwa der steirische Landeshauptmann Voves mit der Ankündigung für Aufregung, „Integrationsunwilligkeit" unter Strafe zu stellen,[6] wofür ihn rechtsstehende Gruppierungen lobten – schließlich wurde dieser Begriff von der FPÖ geprägt – NGOs und Wissenschafter/innen kritisierten: Integrationsunwilligkeit als Tatbestand einzuführen, würde Migrant/innen einer bedrohlichen Willkür aussetzen, schließlich ließen sich jegliche Konflikte mit MmM als Zeichen ihrer Integrationsunwilligkeit deuten.

Die Gruppe der Anderen, die von dem weiterhin als homogen behaupteten „Wir" unterschieden wird, soll sich nicht nur integrieren, sondern dem Integrationskonzept nach assimilieren, was nicht gelingen kann, da sie einerseits zur Bestätigung des „Wir" als Teil einer anderen Gruppe konstruiert und abgegrenzt wird und durch Assimilation die Identität des „Wir" in Frage stellen würde, andererseits weil eine totale Anpassung schlicht nicht funktionieren kann, da z.B. physiognomische Merkmale trotz Integrationswillens

---

6 http://derstandard.at/2000010649361/Voves-will-gegen-Integrationsunwilligkeit-vorgehen, Stand 20.1.2015

nicht abgelegt werden können. Erfolgreiche Integration nach diesen Maßstäben scheint von vornherein unmöglich, weshalb das strenge Integrationsregime als durchaus zynisch zu bezeichnen ist: Integration wird von MmM gefordert, ist aber für sie unter den bestehenden Bedingungen kaum zu erreichen (Menschen ohne Migrationshintergrund (ab jetzt: MoM) dagegen sind schon a priori integriert); schaffen es Menschen nicht, den unklaren und sich stetig verändernden Erwartungen an eine gelungene Integration zu entsprechen, haben sie mit Sanktionen zu rechnen. Integrationsunwille bzw. -verweigerung ließe sich unter dieser paradoxen Verflechtung als (notwendiger) Widerstand, aber auch als Selbstschutz im Kampf um die eigene Identität auffassen.

In den folgenden Kapiteln soll zuerst die Rolle des Staatssekretariats für Integration beleuchtet werden, bevor im zweiten Teil auf vorherrschende Integrationsvorstellungen eingegangen wird, die im abschließenden Teil einer kritischen Betrachtung unterzogen werden.

4.1 Das Staatssekretariat für Integration

Im April 2011 wurde in Österreich die Forderung vieler Expert/innen und NGOs erhört und ein Staatssekretariat für Integration geschaffen – eine Botschaft an die Gesellschaft, dass die Herausforderungen, die sich einer Migrationsgesellschaft stellen, ernst genommen werden und die die Hoffnung weckte, dass mit der Institutionalisierung der Integrationsagenden eine differenziertere und aufmerksamere Politik einhergehen würde. Das Amt des Staatssekretärs wurde dabei in die Hände eines vierundzwanzigjährigen Wirtschaftsstudenten gelegt, der immerhin in Wien aufgewachsen ist und somit „die Probleme kennt" – eine personelle Besetzung, die in Anbetracht der Qualifikation und der Erfahrung, der Institution nicht unbedingt einen hohen Status, aber zumindest aufgrund des Alters eine Zukunft bescheinigte. Zudem wurde die Vorstellung, Migration sei ein „junges" Thema oder eine neue Herausforderung durch die Einberufung eines recht jungen Staatssekretärs bestärkt.

Sämtliche Integrationsfragen sollten auf dieses neue Staatssekretariat innerhalb des Innenministeriums konzentriert und so die Integrationsagenden an einem Ort gebündelt werden, nachdem in Österreich zwar Bundesgesetze die Rahmenbedingungen vorgeben, aber Bundesländer und Kommunen eine besondere Rolle in der Integrationspolitik spielen und über Förderungen Integrationsmaßnahmen unterschiedlichster Art anbieten (vgl. Götzelmann 2010: 185). Die Eingliederung dieser Institution in das Innenministerium – dasselbe Ministerium das Exekutive und somit Kompetenzen wie Ein- und Auswanderungswesen, Fremdenpolizei, Meldewesen, Ausweisung und Abschiebung, Aufenthaltsverbot, Asylwesen und Angelegenheiten der Staatsbürgerschaft beinhaltet (vgl. ebd.) – ist kritisch zu sehen. In vielen Ländern der europäischen Union sind die Integrationsangelegenheiten im Bereich der inneren Sicherheit untergebracht, „polizeiliche Kontrolle und biometrische Identifizierung bilden die zentralen Techniken des Sicherheitsdispositivs, an dem sich letztlich auch die Festlegung von Kriterien des Integrationserfolgs bemisst" (Reinprecht 2010: 45). Die Verlagerung dieses sozialen Themas in das Sicherheitsressort entspricht einer Wahrnehmung der Migration als Sicherheitsbedrohung und schlägt sich nicht nur in der häufigen Kriminalisierung von Migrant/innen oder Asylwerber/innen nieder.

In Österreich wurde das Staatssekretariat mittlerweile aus dem Innenministerium in die Sektion VIII des Außenministeriums verlegt, da Staatssekretär Kurz zum Außenminister berufen wurde – die Bindung der Integrationsagenden an diesen jungen aufstrebenden Politiker erweckt den Eindruck, dass diese instrumentalisiert werden, um der politischen Zukunftshoffnung eine konstante Medienpräsenz zu sichern, da die Thematisierung von Migration aus kaum einer Tageszeitung wegzudenken ist. Die gesellschaftspolitische Relevanz und die potentiellen Synergien, die sich in anderen Ministerien ergeben könnten – schließlich ist Integration als Querschnittsmaterie vor allem sozialen, rechtlichen, bildungspolitischen, sozioökonomischen und kulturellen Fragen ausgesetzt – mussten parteipolitischen Kalkülen weichen. Neben der Degradierung der Integrationsagenden zum Medienmagneten zeichnet sich ab, dass sie durch die neue institutionelle Verortung im Vergleich zur Außenpolitik deutlich in den Hintergrund rücken – mit Kurz als Staatssekretär bekam Integration in der öffentlichen Diskussion immerhin ein Gesicht, das jetzt zu verschwimmen droht, womit auch die Autorität und der Status des Sekretariats symbolisch weiter an Wert verlieren.

Die Etablierung der Integrationsagenden im Außenministerium hat Steuerung der Migrationsströme zum Ziel, eine Politik der weiteren Begrenzung und „Qualifikation" von Zuwanderung. Sinn ergibt diese Verortung, wenn die Notwendigkeit der Zusammenarbeit mit anderen Staaten bedacht wird, da

Ist es nun als Fortschritt zu sehen, dass die Angelegenheiten der Integration nicht mehr im selben Ressort untergebracht sind wie die Abteilung der Exekutive, die den klingenden Namen „Fremdenpolizei" trägt? Es stellt sich doch die Frage, inwiefern Integration ein Thema der Außenpolitik sein soll, wenn nicht eine Politik der Verhinderung und Selektion angedacht wird. Integration ist in diesem Kontext als Begriff nicht zielführend – schließlich bezeichnet er die (Wieder-)Herstellung eines Ganzen. Sollen sich nun Menschen, die im Ausland leben und beabsichtigen, in Österreich für einen bestimmten Zeitraum oder dauerhaft zu leben, bereits „vor Zuzug" integrieren, widerspricht dies sowohl der Auffassung, dass Integration ein wechselseitiger Prozess sei, der zwischen Mehrheitsgesellschaft und Migrationsanderen geschehe, als auch der Tatsache, dass wir es mit vielfältigen Migrationsformen zu tun haben, die nicht alle auf einen dauerhaften Aufenthalt im Zielland ausgelegt sind, weswegen „Integration vor Zuzug" eine Leistung einfordern würde, die nicht in Relation zur verbrachten Zeit im Zielland stünde.

Im NAP.I (Nationaler Aktionsplan für Integration) wird bei der Beschreibung der Indikatoren angemerkt, dass z.B. Pendelmigration nicht berücksichtigt wird, „denn das verwendete Konzept von Integration basiert impliziert [sic!] auf der Vorstellung einer dauerhaften Zuwanderung." (Fassmann 2009: 8) – mit dieser Formulierung relativiert sich der Aktionsplan selbst und offenbart seine reduktive Sichtweise auf Migration, da auch Menschen, die nur für einen begrenzten Zeitraum in Österreich leben, doch besser als integrierte Mitglieder der Gesellschaft anwesend sein sollten, anstatt in den gefürchteten „Parallelgesellschaften" zu leben.

Demnach ist die Botschaft an die Öffentlichkeit als widersprüchlich zu betrachten, da das Staatssekretariat zu Beginn noch eine sicherheitspolitische Konnotation aufwies und nun der gesamtgesellschaftlichen Integration zuwiderläuft, indem es im Ministerium für Äußeres eingegliedert wurde – ein Ministerium, das in seinen Tätigkeiten vor allem außerhalb des österreichischen Territoriums verortet ist und so die Vorstellung von Migrationsanderen als außerterritoriale Erscheinungen, als Fremdkörper im Inland bestärkt. Unter der Perspektive eines postnationalen Europas wiederum könnte die Verortung des Staatssekretariats durchaus positiv gesehen werden, da es bedeuten würde, dass Integration als globale Notwendigkeit erkannt worden wäre. Ihre rechtliche und symbolische Wirkung wäre aus dieser Perspektive nicht auf einen nationalen Kontext beschränkt – in Deutschland finden sich die Integrationsagenden im Vergleich zu Österreich in einer Institution mit weitaus höherem symbolischen Status und Autorität wieder, zumal sie an das Bundeskanzleramt angegliedert sind.

Die binäre Untergliederung in Inneres und Äußeres, die Integration in Österreich betrifft, erweckt den Eindruck, sie wäre zugleich die einzige Möglichkeit für Stoßrichtungen einer Integrationspolitik – entweder nach innen oder nach außen, von Sicherheit, Restriktion und Abschiebung zu Selektion und Planzuwanderung. Für Migrationsforscher/innen wirkt somit die Verlagerung der Institution ins Außenministerium wie ein Pyrrhus-Sieg: Das soziale Thema Integration wurde zwar vom Sicherheitsressort und der Konnotation als Bedrohung der inneren Sicherheit losgelöst, findet aber durch die Eingliederung ins Außenministerium neue kuriose Ausformungen in Konzepten wie „Integration vor Zuzug", die eine reduktive, normierende Ausrichtung des Integrationskonzepts erkennen lassen, da zwar sprachlich und rechtlich österreichweit gewisse Übereinstimmungen zu finden sind, die konkreten notwendigen Integrationsmaßnahmen aber stark von der regionalen Verankerung und der persönlichen Disposition der Migrationsanderen abhängen.

Die Forschungsgruppe INEX (Politics of Inclusion and Exclusion) stellte in ihrer ersten Veröffentlichung zum Monitoring des Staatssekretariats zudem einige Defizite im Integrationskonzept fest und kritisierte, dass Antidiskriminierung weitgehend unberücksichtigt bleibe, die geringen politischen Rechte von Migrant/innen nicht erwähnt würden, ebensowenig wie der Zugang zur Staatsbürgerschaft (vgl. Rosenberger 2012: 10f.). Positiv kann abschließend bemerkt werden, dass das Staatssekretariat die Aufmerksamkeit der Integrations- und Migrationsangelegenheiten in den letzten Jahren auf sich lenkte und das Bestreben vorgibt, eine sachliche Diskussion darüber zu führen.

4.2   Integration in Österreich

Die zentrale Parole der österreichischen Integrationspolitik lautet „Integration durch Leistung",[7]

> „das heißt, Menschen sollen nicht nach ihrer Herkunft, Sprache, Religion oder Kultur beurteilt werden, sondern danach, was sie in Österreich beitragen wollen. Dazu ist es wichtig, Leistung zu ermöglichen, einzufordern und anzuerkennen, um eine umfassende Teilhabe an der Gesellschaft allen Bürgerinnen und Bürgern sicherzustellen." (bmeia.gv.at/integration, Stand 15.1.2015)

Integration erscheint dabei als meritokratisches Prinzip, wobei bereits in der Hervorhebung, dass Leistung ermöglicht werden müsse, deutlich wird, dass z.B. für Asylwerber/innen, die kaum legale Möglichkeiten zu arbeiten vorfinden, „Integration von Anfang an" nicht möglich ist und somit Integrationsverweigerung keine Wahl, sondern eine Unumgänglichkeit darstellt – das Staatssekretariat für Integration enthält sich dieser Linie entsprechend Aussagen zum Asylwesen.

Der Leistungswille eines Menschen ist allerdings keine ausschließlich individuelle Anlage oder Entscheidung, vielmehr geben offensichtlich die gesellschaftlichen Strukturen und diskriminierende Ausschlussmechanismen den Rahmen für die individuelle Leistungsentfaltung vor. In den Debatten werden Integrations- bzw. Leistungsverweigerungen auch über Statistiken diskutiert, die belegen, dass Migrationsandere vermehrt arbeitslos seien und sich vor allem in Arbeitsbereichen wiederfänden, die weniger Ausbildung erforderten und weniger Gehalt böten. Bis heute trifft auch „autochthone" Frauen mit Staatsbürgerschaft in der österreichischen Gesellschaft eine Schlechterstellung am Arbeitsmarkt, wobei niemand behaupten würde, dass es am Unwillen der Frauen läge, sich in die Gesellschaft zu integrieren, sondern dass vielmehr Strukturen und Werte einer Gesellschaft bestimmte Gruppen benachteiligen bzw. sich vor allem nach den Bedürfnissen einer anderen Gruppe richten. Während Frauen lange Zeit von Bildung offenkundig ausgeschlossen wurden, ist dies mit Migrant/innen gegenwärtig (aufgrund der Gesetzeslage und unserem Verständnis einer Gesellschaft, die auf Gleichheit beruht) nicht mehr derart transparent möglich, weshalb die Ausschlussmechanismen verdeckter agieren und z.B. im Bildungssektor über die frühe Selektion nach der Volksschule aktiv werden und somit die Grundlagen

---

7 Die ausführliche Analyse des Leitspruchs erfolgt im Kapitel 4.1

für spätere Schlechterstellungen geschaffen werden, so werden Kinder mit Migrationshintergrund auffallend oft „Sonderschulen" zugeteilt (vgl. Statistik Austria: 2014). Zusätzlich wird durch die Forderung nach Leistung eine Zweiteilung von Mehrheitsgesellschaft und MmM verfestigt, da nach der Logik von „Integration durch Leistung" der Eindruck entsteht, dass nur von einer der beiden Gruppe Leistung eingefordert werden müsse, während sie von dem anderen Teil selbstverständlich erbracht würde. Die Vorstellung von Menschen, die aus wirtschaftlichen Gründen getrieben von „push-Faktoren" aus ihrem Herkunftsland auswandern und angezogen von „pull-Faktoren" nach Österreich einwandern, ist vorherrschend und kommt nun im Leistungsbegriff zum Ausdruck. Migration wird auf die Verbesserung der persönlichen Situation reduziert, demnach muss, wer hier sein will, seine Anwesenheit durch Leistung legitimieren, da er ja hier sei, um es besser zu haben und in den legitimen Genuss des Wohlfahrtstaates zu kommen.

Die österreichische Integrationspolitik orientiert sich u.a. an den Empfehlungen des Expertenrates für Integration, der sich zu einem Großteil aus Wissenschafter/innen zusammensetzt, und am Integrationsbeirat, der aus „RepräsentantInnen von Bund, Ländern, Gemeinde- und Städtebund, Sozialpartnern und Industriellenvereinigung sowie NGOs"[8] besteht, wobei NGOs eine absolute Minderheit bilden und zumeist von Personen angeführt werden, die politisch aktive Mitglieder der Großparteien sind.[9] Der Expertenrat soll zu dem beitragen, was Minister Kurz als „Versachlichung der Integrationsdebatte" bezeichnet, eine Loslösung von Befindlichkeiten und Hinführung zu einer differenzierten Diskussion, auf der Basis von wissenschaftlichen Auseinandersetzungen und Informationen der Beteiligten vor Ort. Jedoch bedeutet diese Versachlichung auch die Gefahr einer Objektivierung der Angesprochenen, als die vor allem MmM erkannt werden, und eines Sprechens über die Anderen anstatt einer gesellschaftlichen Interaktion – Vertreter/innen

---

8 http://www.bmeia.gv.at/integration/integrationsbeirat/, Stand 12.11.2014
9 Zahlreiche NGOs kritisierten den von einem problem- und defizitorientierten Integrationsverständnis geprägten Aktionsplan, der außerdem keine anti-diskriminierenden Maßnahmen aufweist (vgl. Götzelmann 2010: 204); in einem offenen Brief reagierten diese NGOs auf die Einladung der Innenministerin Maria Fekter, an den Arbeitsgruppen zur Entwicklung des NAP.I teilzunehmen und bemängelten das dem Plan zugrundeliegende Integrationskonzept sowie die Einbeziehung der NGOs als „Inszenierung breiter gesellschaftlicher Legitimation" und „Aufputz für Presse-Präsentationen von Positionspapieren zu deren Inhalten" die NGOs nichts beitragen konnten (http://www.asyl.at/fakten_2/offenerbrief_fekter.pdf, Stand 17.12.2014).

migrantischer Organisationen sind schließlich in diesen beiden Räten kaum auszumachen.

Die zum Ziel gesetzten integrationspolitischen Maßnahmen finden sich im NAP.I, über dessen Erfolg ein jährlich erscheinender Bericht Auskunft gibt. Dieser Plan wurde nach Angaben des Ministeriums in Zusammenarbeit aller Verantwortungsträger für Integration in Österreich und unter der Einbeziehung von 150 Expert/innen weltweit sowie Bürger/innen diskutiert, woraus sich sieben Handlungsfelder ergeben haben:

> „Sprache und Bildung, Arbeit und Beruf, Rechtsstaat und Werte, Gesundheit und Soziales, Interkultureller Dialog, Sport und Freizeit sowie Wohnen und die regionale Dimension der Integration" (bmeia.gv.at/integration/nationaler-aktionsplan/).

Die im NAP.I angeführten Vorstellungen und Ziele von Integration sind als gesellschaftlicher Konsens zu bezeichnen:

> „Eine integrierte Gesellschaft ist durch soziale Durchlässigkeit und Offenheit geprägt. Sie ermöglicht dem/r Einzelnen, sein/ihr Leben eigenverantwortlich zu gestalten, ohne wegen seiner/ihrer Herkunft, Sprache oder Hautfarbe diskriminiert zu werden" (BM für Inneres 2009a: 2).

Zudem erkennt der Bericht sowohl die Notwendigkeit der Partizipation, als auch die zentrale Wechselseitigkeit von Integration und die Notwendigkeit institutioneller Veränderungen an, behält sich aber die Definition dieser neuen Einheit als „österreichisch" vor:

> „Integration zielt auf die Partizipation an wirtschaftlichen, sozialen, politischen und kulturellen Prozessen sowie auf die Einhaltung der damit verbundenen Pflichten ab. Integration ist ein individueller ebenso wie ein gesellschaftlicher Prozess, der durch eigenverantwortliches Engagement sowie durch staatliche Rahmenbedingungen permanent zu gestalten ist. Die Herausbildung eines österreichischen Wir-Gefühls, das von der Mehrheitsgesellschaft und den Migrant/innen gemeinsam getragen wird, ist ein zentrales Anliegen integrationspolitischer Bemühungen. In diesem Zusammenhang sind auch Maßnahmen gegen Rassismus und Diskriminierung zu setzen." (ebd.: 3)

Im Maßnahmenkatalog des NAP.I aber finden sich Ziele, die ein abweichendes Bild der Auffassung von Integration zeichnen, so wird in Salzburg die Zielgruppe der Maßnahmen vornehmlich mit „MigrantInnen" oder „Menschen mit Migrationshintergrund" definiert, es findet sich auch die Zielgruppe „Menschen mit und ohne Migrationshintergrund" (BM für Inneres 2009b: 146), wodurch Migrationshintergrund als relevante Differenzlinie in unserer Gesellschaft und als Indiz für Behandlungsbedarf bestärkt wird. „Alle Mitglieder der Gesellschaft" wäre eine mögliche Alternative zu den vorhandenen

Zielgruppendefinition, würde aber nicht mehr betonen, für wen Integration ursprünglich als Konzept etabliert wurde.

Die Unterscheidung nach Migrationshintergrund wird im Maßnahmenkatalog einmal stärker, einmal abgeschwächter aufgerufen, so wird in der Beschreibung der Maßnahmen in Vorarlberg zwar der Migrationshintergrund betont, aber verstärkt neutrale Bezeichnungen verwendet, dennoch wird mit Begriffen wie „Integrationsakteure der Mehrheitsgesellschaft" (ebd. 152) der Eindruck hervorgerufen, es wären wiederum nur einzelne ausgewählte Personen der Mehrheitsgesellschaft, die sich mit Integration auseinandersetzen müssten. Auffallend sind dabei ebenso die kreativen Konstruktionen „Junge Menschen der 2. Generation mit und ohne Migrationshintergrund" (ebd. 162) oder „Künstlerisch orientierte MigrantInnen" (ebd. 165). Dem Abschnitt zu Wien hingegen ist die längere Erfahrung mit Integration anzumerken bzw. die frühe Etablierung einer Abteilung für „Integration und Diversität" im Jahr 2004, die den 1992 gegründeten Wiener Integrationsfond abgelöst hatte. Die Beschreibung der Zielgruppen essentialisiert den Migrationshintergrund nicht wie in anderen Bundesländern, sondern verwendet Zielgruppenbeschreibungen wie „Jugendliche zwischen 15 und 25 Jahren, die unlängst nach Wien gekommen sind und keiner Schulpflicht mehr unterliegen" (ebd. 182) oder „VolksschülerInnen und deren Eltern" (ebd. 183). Den Maßnahmenkatalog einer Analyse zu unterziehen wäre für die Integrationsdebatte äußerst dienlich.

Integration leitet sich von dem lateinischen Substantiv „integratio" ab und bedeutet soviel wie Erneuerung oder Wiederherstellung eines Ganzen – zu einer Wiederherstellung bedarf es entgegen der Ausrichtung der meisten integrationspolitischen Maßnahmen jedoch stets mindestens zweier oder mehrerer Seiten (vgl. Zips 2001: 78). In der Soziologie ist „mit dem Begriff der Integration immer die (Wieder-)Herstellung eines Ganzen durch unterschiedliche Teile gemeint" (Schmidinger 2010: 38). Die Gesellschaft wird durch Migration verändert und muss sich als solche neu definieren. Integration als Reaktion auf diese Veränderung ist dabei als ein wechselseitiger Prozess zu verstehen und einzufordern, somit keine alleinige Bringschuld von MmM, sondern eine alle Bereiche der Gesellschaft und ihre Mitglieder umfassende Herausforderung: die Mehrheitsgesellschaft muss auf Bedürfnisse der Migrant/innen eingehen und umgekehrt. Durch Integration sollen die nach Nation, Sprache, Religion, Herkunft und Kultur unterschiedenen Mitglieder einer Gesellschaft zusammenwachsen und sich gemeinsam als Gesellschaft ansehen. Das erfordert eine Auseinandersetzung mit dem gesellschaftlichen Selbstverständnis, mit sich selbst und den Anderen – wir erlernen uns schließlich über Andere. Integration kann nur durch Partizipation am gesellschaftlichen, politischen und wirtschaftlichen Leben erfolgen – solange Menschen aufgrund ihrer Herkunft oder eines konstruierten Migrationshintergrunds von der Teilhabe am gesellschaftlichen Leben ausgeschlossen werden bzw. nur eingeschränkten Zugang dazu vorfinden, können sie sich trotz Integrationswillens nicht integrieren. Mit Integration müssen somit „rechtliche Gleichstellung, Chancengerechtigkeit und gleichberechtigter Zugang zum Arbeits- und Wohnungsmarkt und zu sozialstaatlichen Leistungen" (Perchinig 2010: 22) einhergehen.

Um den Erfolg der Maßnahmen bzw. des Integrationsprozesses zu analysieren, wurden von Heinz Fassmann, Vorsitzender des Expertenrates für Integration, Indikatoren entwickelt, nach denen der Integrationsprozess analysiert wird. Die Ergebnisse werden im jährlich erscheinenden Integrationsbericht präsentiert. Der Integrationsbegriff des Ministeriums sowie die Integrationsindikatoren basieren auf dem Integrationskonzept Hartmut Essers, der zwischen System- und Sozialintegration unterscheidet und vielfach für seine normative, defizitorientierte und betont neoliberale Theorie kritisiert wurde (vgl. u.a. Hetfleisch 2010). Unter sozialer Integration versteht Esser die Inklusion der Migrant/innen in ein soziales System und die Möglichkeiten des Zugangs zu bestimmten Institutionen und gesellschaftlichen Bereichen (Bildung, Kultur, Wirtschaft), wobei das Ergebnis dieses Zugangs durchaus Diskriminierung und Ungleichheit sein kann, so etwa schlechtere Bezahlung nach (ethnischer) Herkunft. Systemintegration hingegen meint den „Zusammenhalt ganzer sozialer Systeme" (Esser 2006b: 30), sie strebt ein gesellschaftliches Gleichgewicht ohne Spannungen an und bezieht sich auf Teile eines gesellschaftlichen Systems. Während die Sozialintegration den Blick auf das Individuum wirft, nimmt die Systemintegration ganze Institutionen in den Blick wie etwa Konzerne, ganze Nationalstaaten oder „ethnische Gruppen" (vgl. Esser 2001).

Hetfleisch analysiert ausgiebig, wie Esser aus diesem Konzept abgeleitet Ungleichheiten legitimiert und die Gründe für Diskriminierung sogar teilweise bei den Diskriminierten selbst findet, nie allerdings bei den gepriesenen Märkten, und Diskriminierung als modernen Gesellschaften nicht entsprechend sogar leugnet (vgl. Hetfleisch 2010: 117ff.). Esser analysiert Integration von oben herab, sein Theorie ist als ökonomistisch zu bezeichnen – der Slogan „Integration durch Leistung" liest sich wie eine Conclusio seines neoliberalen Ansatzes. Zudem bemüht sich Esser kaum, offenen Rassismus zu verbergen und schließt an kolonialistische Konstruktionen des Fremden an:

> „Wenn jemand über das Aussehen als fremdethnischer Migrant identifizierbar ist und wenn sonst kein Hinweis auf höhere Produktivität vorhanden sind, dann reagiert ein Unternehmer mit statistischer Diskriminierung, allein schon zur Risikominimierung einer Fehlplatzierung" (Esser 2006a: 86).

Essers Theorie gibt aus vielfacher Hinsicht Anlass für Kritik, u.a. auch da Sozial- und Systemintegration „mithilfe von kontrollpolitischen Instrumenten (Gesetzen, Steuern, Förderungen, Ausschreibungen, Statistiken usw.) erledigt" (Kaloianov 2014: 133) werden können und seine Theorie insgesamt den Eindruck erweckt, mehr von einem Drang nach Rechtfertigung der Ungleichheiten als nach dem Erreichen einer integrierten Gesellschaft geprägt zu sein (vgl. u.a. Hetfleisch 2010). Dieses Modell ausführlich zu kritisieren, kann an dieser Stelle nicht erfolgen, es soll jedoch erwähnt werden, da es die Analyse des Integrationserfolgs entscheidend bestimmt und die Frage nach der Legitimität der vorherrschenden Integrationsindikatoren stellt, sofern diese auf einer Theorie des Ausschlusses basieren.

In Anlehnung an Essers Theorie findet sich einer meritokratischen Logik folgend in der Einleitung des Berichts des NAP.I die Formulierung: „Defizite im Bereich der Integration sollen gezielt beseitigt bzw. vermieden werden, um die Potenziale von Personen mit Migrationshintergrund im Interesse aller Beteiligten noch besser nutzen zu können" (BM für Inneres 2009a: 2). Die Vermeidung von Defiziten zur optimalen und effektiven Verwertung des migrantischen Humankapitals findet seinen Ausdruck in den Forderungen und Förderungen, die im Namen der Integration etabliert wurden sowie im Leitspruch „Integration durch Leistung". Es sind weniger die Werte, die einem migrantischen Subjekt (etwa durch die „Rot-Weiß-Rot-Fibel")[10] nähergebracht werden sollen, als der Wert der Migrationsanderen unter ökonomistischer Perspektive.

> „Österreich bekennt sich zu einer geregelten Zuwanderung, die einen wirtschaftlichen und demografischen Mehrwert darstellt. [...] Dabei obliegt es Migrant/innen, sich eigenverantwortlich aktiv in den Integrationsprozess einzubringen" (ebd.).

Österreich ist demnach gewillt, Migrant/innen, die es braucht, zu integrieren, wobei Migrant/innen selbst erkennen sollen, ob sie gebraucht werden oder

---

10 Siehe Kapitel 6.3

nicht – handelt es sich um eine erwünschte Migrantin, so scheint der Integrationsprozess zweifellos wechselseitig zu sein, bei Unerwünschtheit ist die Bereitschaft Österreichs nicht mehr gegeben. So schließt auch das erste INEX-Monitoring, dass die geforderte Wechselseitigkeit des Integrationsprozesses kaum eingelöst wird, sondern hauptsächlich Förderungen (z.B. durch Ermöglichung im Bereich der Arbeit) und Forderungen (im Sprach- und Bildungsbereich durch Verpflichtung) im Zentrum stehen (vgl. Rosenberger 2012: 10).

Integration sollte ein gesamtgesellschaftlicher Prozess sein, der nicht allein von Migrationsanderen Bereitschaft und Willen erfordert, sondern ebenso von der Mehrheitsgesellschaft, die sich zumeist nicht durch diesen Begriff behandelt fühlen muss und scheinbar immer schon integriert ist – zwar haben Mitglieder dieser Gruppe ebenso aufgrund ihrer Dispositionen mit Barrieren und Einschränkungen auf den verschiedenen Ebenen des Lebens zu rechnen, aber sie werden aufgrund ihres aufenthaltsrechtlichen Status' von der Integration frei gesprochen, ebenso alle EU-Bürger/innen – es sind ausschließlich Nicht-EU-Bürgerinnen und Drittstaatenangehörige, die sich mit weniger Rechten, aber mit einer Vielzahl an Forderungen und daraus folgende Sanktionen bei Nicht-Erfüllen konfrontiert sehen. Diese restriktiven Aspekte der Integration, wie in der Integrationsvereinbarung (ab jetzt: IV) festgehalten, stechen besonders hervor und können sogar den Aufenthaltsstatus bedrohen. Im Integrationskonzept zentral (und ebenso in der IV) findet sich die Forderung nach dem Spracherwerb. Sprache wird in der Debatte als zentraler Bestandteil von Integration betrachtet, als notwendig für die Teilnahme am Bildungssystem, für Chancen am Arbeitsmarkt und für das tägliche Miteinander – unter den Indikatoren des NAP.I findet sich so auch „Sprache und Bildung" an erster Stelle. Diese (Lern-)Leistung ist die erste, die laut IV innerhalb von zwei Jahren erbracht werden muss und über Verbleib oder Ausweisung bestimmen kann.

> „Sprache wird damit sowohl als Voraussetzung, als auch als *die* ermöglichende Grundlage schlechthin begriffen, deren Unkenntnis eine fundamentale Barriere für die Integration in allen gesellschaftlichen Teilbereichen bedeutet. Diese Sonderstellung spiegelt sich in beinahe allen integrationspolitischen Handlungsfeldern wider, insbesondere in der Bildung" (Rosenberger 2012: 7).

Sprache ist selbstverständlich eine Grundlage zur Teilhabe, aber kein Lösungsansatz für jegliche integrationspolitischen Herausforderungen. Durch die Aufforderung zur Übernahme der Sprache werden Menschen zu gewissem Grad infantilisiert und entmündigt, da sie einerseits „erst das nötige Wissen zum selbstständigen Leben in der Gesellschaft erwerben müssen, andererseits als zu befreiende Opfer ihrer Kultur" (Perchinig 2010: 18) dargestellt werden. Der Forderung nach Deutsch-Erwerb liegt die Vorstellung von Nationen als homogene Sprach- und Wertegemeinschaften zu Grunde und suggeriert, dass von der homogenen Norm abweichende Menschen weder autonom, noch handlungsfähig sein könnten. Die an Sprache gekoppelten Integrationsanforderungen werden dabei selbst von vielen österreichischen Staatsbürger/innen nicht erfüllt:

> „Erfolgreiche Integration liegt vor, wenn jedenfalls ausreichende Kenntnisse der deutschen Sprache für das Arbeitsleben, für die Aus- und Weiterbildung sowie für den Kontakt zu öffentlichen Einrichtungen vorhanden sind, die wirtschaftliche Selbsterhaltungsfähigkeit gegeben ist sowie die Anerkennung und Einhaltung der dem Rechtsstaat zugrundeliegenden österreichischen und europäischen Rechts- und Werteordnung vorliegen" (2009a: 2).

Integration fungiert immer häufiger als Containerbegriff, in den offenbar nach Belieben von der Politik (An-)Forderungen an Migrant/innen hineingepackt werden – viele Staatsbürger/innen müssten sich schließlich nach der Definition von erfolgreicher Integration erst integrieren – und diese von der Mehrheitsgesellschaft abtrennen. Integration verfestigt dabei das Konzept von Nationalstaaten, da Migration als Überschreitung nationalstaatlicher Grenzen

> „einen Wechsel des Migrationsregimes, d.h. der Gesamtheit der auf Einwanderung bezogenen Institutionen, gesetzlichen Regelungen und Praktiken, die auch für den auf die Wanderung folgenden Prozess der Niederlassung und Eingliederung bedeutsam sind" (Reinprecht 2010: 43)

definiert. Durch Integration wird vorgegeben, dass alle, sofern sie die Maßnahmen und Forderungen einhalten, die gleichen Chancen vorfinden, die „Aufnahmegesellschaft stellt in dieser Perspektive einen neutralen Hintergrund dar" (Bauböck 2001: 35), eine imaginierte, homogene Pausfläche, an der ein Abgleich vorgenommen werden kann, der das Ausmaß der Integrationsbedürftigkeit von Migrationsanderen erkennen lässt und Kriterien dafür festlegt. Die Möglichkeiten sich zu integrieren hängen aber von einer Vielzahl an Faktoren ab, besonders vom Land, in das migriert wird, von seiner Politik, der allgemeinen Migration in dieses Land und der Vielfalt der Ethnien und die von der Mehrheitsbevölkerung vorgenommene Einordnung in eine Gruppe bzw. Zuordnung von Zugehörigkeit. Gruppen derselben Her-

kunft machen in unterschiedlichen Ländern unterschiedliche Integrationser-
fahrungen, so wie sich ihnen unterschiedliche Möglichkeiten zur Integration
bieten (vgl. ebd.: 36). Allein diese Erkenntnis sollte als Argument gegen die
Pauschalisierung einer bestimmten Gruppe nach Herkunft ausreichen: Menschen sind ihrer Herkunft nach nicht homogen, dies gilt für Mehrheitsgesell-
schaften wie für Migrant/innen.

Integration ist ein komplexer wechselseitiger Prozess, der eine Auseinandersetzung mit der eigenen und der anderen Identität bedeutet, ein Prozess,
der mit Kompromissen verbunden ist. Integration braucht Anerkennung der
Da-Seins-Berechtigung und den Mut zur Veränderung. Integration ist ein
Kampfplatz um die Deutungsherrschaft darüber, als wer wir uns verstehen.
Dabei darf sie nicht mit Assimilation verwechselt werden, die eine Übernahme des Bestehenden und eine Weigerung, dieses zu verändern, darstellt,
sondern muss anerkennende Teilhabe ermöglichen.

4.3   Thesen zur Integration

Integration wird als ein Konzept dargestellt, das zur Lösung der Herausforderungen und Probleme, die mit Migration einhergehen, beitragen soll. Unter
dem Deckmantel des gesellschaftlichen Friedens ist die Notwendigkeit der
Integration zum gesellschaftlichen Konsens geworden, jedoch lassen sich
unter dieser Auffassung von Integration als Allheilmittel für migrationsgesellschaftliche Herausforderungen negative Aspekte, die möglicherweise
diese Herausforderungen und darin bestehende Ungleichheiten verstärken,
ausmachen. Durch eine starke Einseitigkeit und eine normative Ausrichtung
erweckt Integration bisweilen sogar den Eindruck eines Herrschaftsinstru-
ments und eines Mittels der Verhinderung, anstatt eines Partizipation ermög-
lichenden Konzepts.

Die vorherrschende Vorstellung von Integration basiert auf der Imagination einer auf Gleichheit beruhenden Gesellschaft, was sich einerseits auf
Chancengleichheit bezieht und andererseits auf die Vorstellung eines homogenen natio-ethno-kulturellen „Wir“, dem aber Migrationsandere, die von
außen kommend und als Abweichung konstruiert erst in die Gesellschaft
eingepasst werden müssen, gegenüber stehen. Mitglieder der Mehrheitsge-

sellschaft sind von der Behandlung durch Integration nicht betroffen, obwohl sie ebenso von sozialen, gesellschaftlichen und rechtlichen Trennlinien bestimmt werden: Bildungsbenachteiligungen treffen nicht nur Migrant/innen, eingeschränkte Jobchancen haben nicht nur Menschen mit nicht-deutschem Nachnamen, sondern auch Kinder mit Vornamen wie Kevin oder Jennifer erfahren Diskriminierung. Dennoch wird in der politischen Interpretation von Integration und der Umsetzung ihrer Maßnahmen davon ausgegangen, dass allein Migrant/innen in die Gesellschaft integriert werden müssen, obwohl sie – nachdem Integration auf den nationalen Kontext beschränkt wird – Teil dieser durch Grenzen beschränkten Gemeinschaft sind, jedoch aufgrund verschiedener Differenzlinien und Hürden nicht in gleichem Maße an dieser teilhaben können, was ihnen wiederum zu Lasten gelegt wird.

Integration ist kein gesamtgesellschaftliches Konzept, sondern ein einseitiger Imperativ, der sich an die „Geanderten" richtet: „Integriert euch! Lernt Deutsch! Nehmt die Werte an!" etc. lauten die Forderungen, die wenig Spielraum für Freiwilligkeit oder Integrationswille lassen – Unwille scheint dabei die einzig mögliche Form von Willen zu sein. Unter diesen Vorzeichen scheint es, als könnten Migrant/innen nur Fehler machen, denn nur sie sind vom Integrationsprozess betroffen, bekommen Forderungen (weg von Fehlern – auf Handlungen bezogen) und auch Förderungen (weg von Defiziten – auf Eigenschaften bezogen) gestellt. Ist diese Politik wirklich eine der Integration oder sollten wir besser eine andere Bezeichnung dafür verwenden, um den Integrationsbegriff nicht weiter zu strapazieren?

In der Forderung nach Integration liegt die Forderung nach Assimilation

Integration bezeichnet ein gesellschaftliches Programm zur Einbindung von Menschen, die von außerhalb der Mehrheitsgesellschaft kommen und den von mehrheitsgesellschaftlichen Normalitätserwartungen geprägten Raum durch ihre Anwesenheit irritieren und zu einem neuen Ganzen umformen. In der im Integrationskonzept enthaltenen Forderung nach Übernahme der Sprache, der Traditionen und der Werte einer Gesellschaft ist eine deutliche Assimilationsaufforderung zu erkennen, wechselseitige Angleichung findet unter diesen Punkten allerdings keinen Platz. Die gesellschaftliche Vorstellung von der natio-ethno-kulturellen Mehrheit wird dadurch als funktional, die Vorstellung von der Migrationsanderen hingegen als dysfunktional und angleichungsbedürftig geprägt. Assimilation wird präskriptiv verstanden als eine legitime Forderung an Einwanderer und nicht als gegenseitige Anpassungsleistung von Mehrheitsgesellschaft und Zugewanderten.[11] Dabei sollte Integration keine einseitig subjektive Leistung, sondern auch laut NAP.I versuchen, „einen komplexen Prozeß der Interaktion zwischen Individuum, Herkunftsgruppe und Aufnahmegesellschaft zu beschreiben" (Bauböck 2001: 31). In den Initiativen und Maßnahmen des Ministeriums lässt sich diese Interaktion zwischen den Gruppen kaum ausmachen, hingegen wird scheinbar eine Anpassungsleistung bzw. ein Verschwinden im Ganzen anstatt einer neuen Aushandlung des Selbstverständnisses einer Gesellschaft gefordert – Assimilation bestätigt die Dominanzstrukturen, thematisiert aber nicht Mehrfachzugehörigkeiten oder rassistische Strukturen der Mehrheitsgesellschaft (vgl. Mecheril 2010b: 65).

Die Anpassungsaufforderung übergeht auch die Frage, „ob und welche Bedingungen der Möglichkeit der Ausrichtung des eigenen Handelns und sozialen Seins an strukturell systemische Maßgaben für Migranten vorliegen" (Mecheril 2006: 134). Die Unterstellung von Integrationswille und -unwille entspringt diesem Denken, das von Chancengleichheit für Migrant/innen in der Aufnahmegesellschaft ausgeht, jedoch unberücksichtigt lässt, dass deren Strukturen nicht immer ermöglichend, sondern in vielen Fällen verhindernd und diskriminierend für Migrant/innen wirksam werden. Diese Sichtweise nimmt die mehrheitsgesellschaftlichen Institutionen und Strukturen aus der Pflicht, lässt sie nahezu unhinterfragt und lastet das Scheitern an ihnen den Anderen an.

Assimilation ist allgemein, und unter diesen Bedingungen im Besonderen, unmöglich, dennoch ist ein Grad an Angleichung erforderlich, um Teilhabe und Handlungsfähigkeit zu erreichen, d. h. eine Veränderung der Werte und Normen sowie der Erwerb von mehrheitsgesellschaftlichen Kenntnissen sowie eine Modifizierung der eigenen Identität sind nötig – so ist das Erlernen der deutschen Sprache eine notwendige Voraussetzung „für prestigeträchtige, monetär effektive und zukunftsichernde Erträge einer Vielzahl von Handlungen" (Mecheril 2006: 135), was jedoch nicht die oben in dieser Arbeit geäußerte Kritik an den machtvollen, mit Sprache verbundenen Praxen relativiert. Ein angleichender Einbezug der Anderen ist nur über die Anerkennung ihrer „anderen" Disponiertheit und deren Berücksichtigung im gesellschaftlichen Kontext möglich, damit sich institutionelle Strukturen auf

---

11 Mecheril weist darauf hin, dass Assimilation auch „gleich werden/als Gleiche behandelt werden" (Mecheril 2006: 128) beinhaltet, was aber im Begriff nicht angemessen angelegt ist.

ihre Bedürfnisse hin öffnen und ein angleichender Einbezug möglich wird – in dieser paradoxen Situation zeigt sich, dass Angleichung nicht möglich ist, da sie die „Andersartigkeit" berücksichtigen muss und somit in gewisser Weise festschreibt (vgl. ebd.: 136).

Angleichung ist notwendig, aber unmöglich. Eine rechtliche Gleichstellung ist erwünscht, jedoch ist das fokussierte Erlernen der deutschen Sprache und der als Abschluss eines gelungenen Integrationsprozesses bezeichnete Erwerb der Staatsbürgerschaft keine „erfolgreiche" Angleichung, solange rassistische Strukturen in der Gesellschaft wirksam sind und Zugehörigkeit strukturell verhindern. „In dem Augenblick, da die Andersheit sich ihren körperlichen Erscheinungsweisen eingelagert hat, ist die Struktur realisiert, die vorsieht, dass Angleichung unmöglich ist" (ebd.: 137). Physiognomische Merkmale oder ein Akzent können trotz aller Angleichungsbemühungen ein Individuum durch Aussagen wie „Du sprichst aber gut Deutsch" oder „Nein, ich meinte, woher du ursprünglich kommst" als nicht-zugehörig und anders kennzeichnen.

Angleichung ist andererseits nicht möglich, da sie, ähnlich wie anhand von Subjektivierung gezeigt, zur Unterwerfung unter die und Wiederholung der vorherrschenden Praxen auffordert – was zuerst ausschließlich als reine Beherrschung der unter Angleichungsdruck Stehenden erscheint, enthält tatsächlich ein widerständiges Moment, da den Forderungen nach Angleichung zwar nachgekommen werden muss, in der wiederholten Ausführung der Praxen allerdings ein subversives Element der Veränderung zu erkennen ist. Die migrationsgesellschaftliche Ordnung des nationalen Kontextes muss sich in und an den Anderen wiederholen, wodurch es zu symbolischen Modifikationen wie einen schwarzen Polizisten, an den man sich im Notfall wendet, die Lehrerin mit Kopftuch, die sich um die Kinder kümmert, oder es etwa wenn „Ösi-Bua" Cedrick Mugiraneza in Lederhosen und mit oberösterreichischem Dialekt rappt, aber auch zu material-inhaltlichen Umformungen kommt (vgl. ebd.: 138).

Angleichung ist notwendig, aber unmöglich. Dies verweist gleichzeitig auf zwei weitere Thesen dieses Kapitels: Indem Integration Angleichung fordert, muss, um diese zu ermöglichen, die „andere" Disponiertheit anerkannt werden – Integration fördert und fordert demnach eine Praxis der (anerkennenden) Unterscheidung. Gleichzeitig entsteht der Eindruck, dass Integration, das Entstehen eines neuen Ganzen, notwendig scheitern muss, da ein homogenes Ganzes angestrebt wird. Durch die Assimilationsforderungen werden die Trennlinien zwischen natio-ethno-kulturellem „Wir" und „Nicht-

Wir" verstärkt und die „anerkannten" Anderen über diskriminierende Praxen immer wieder neu als nicht-zugehörig erkannt, wodurch die Zugehörigkeit bzw. Identität des „Wir" gestärkt wird.

Erst das gesamtgesellschaftliche Anerkennen der Tatsache, dass Migration Normalität ist und diese nicht mehr als Irritation einer Gesellschaft bzw. eines „Wir" verstanden wird, kann zu Integration führen. Migrant/innen können versuchen, sich anzugleichen, aber dadurch, dass sie Teil des Ganzen werden, sich integrieren, muss sich das Ganze nicht nur nominell, sondern müssen sich auch seine Werte, seine Geschichte, seine Identität verändern und Integration als umfassender Auftrag einer Gesellschaft angenommen werden.

Die Forderung nach Integration fördert Othering

Im Vordergrund der Integration steht die bessere Eingliederung von Migrant/innen in die Gesellschaft und die Verbesserung des Zusammenlebens einer heterogenen Gemeinschaft durch einen umfassenden gesellschaftlichen Prozess. Dem liegt die Annahme bzw. Vorstellung zugrunde, dass Österreich einmal eine homogene Einheit gebildet hätte, die – nun mit einer großen Anzahl an Anderen und somit mit abweichenden Kulturen, Religionen, Ethnien konfrontiert – alle Abweichungen eingliedern müsse. Durch das Konzept der Integration wird Migration einmal mehr zum problematischen Spezialfall erhoben und in ihr gleichzeitig eine Lösung für diesen Spezialfall gefunden. Dabei werden nicht die sich ständig wandelnden territorialen Kontexte, die mit einer Vielzahl an unterschiedlichen rechtlichen Ordnungen einhergehen, als Besonderung der Migration, sondern umgekehrt, wird die Migration als Besonderung der nationalen Einheit gesehen. Integration läuft in ihren Förderungen und Forderungen Gefahr, Menschen nicht in die Gesellschaft zu inkludieren, sondern indem sie sich an einen bestimmten Teil der Gesellschaft richtet, Trennlinien zu verstärken. Zwar wird Integration als allumfassende gesellschaftliche Herausforderung gesehen, aber dennoch ist es gerade der Marker „Migrationshintergrund", der eine höchst heterogene Gruppe als Einheit auftreten lässt und die Vorstellung eines natio-ethno-kulturellen „Wir", das sich durch Migration gezwungenermaßen mit den Anderen auseinandersetzen muss, sowie von diesen zur Veränderung seiner Identität gezwungen wird, bestätigt und MmM als Hauptbetroffene von Integration konstruiert (vgl. NAP.I, Maßnahmenkatalog 2009). Durch die Forderung nach Integration wird eine gesellschaftliche Gruppe, die über Migration bestimmt ist, definiert und als Ursache der notwendigen Integration ausgemacht. Über die Integrationsaufforderung wird den adressierten Migrationsanderen Fremdheit zugeschrieben, die durch rechtliche Regelungen nicht nur symbolisch sondern auch institutionell bestätigt wird.

Während Menschen mit Migrationshintergrund Fremdheit und Distanz zur Kultur und den Werten einer Gesellschaft unterstellt wird, erreichen diese Zuschreibungen Mitglieder der Mehrheitsgesellschaft prinzipiell nicht. Die Aufforderung sich zu integrieren wird bei Staatsbürgern mit menschenverachtenden Gesinnungen oder im Falle von christlichen Priestern, die des Kindesmissbrauchs überführt wurden, nicht gestellt und diese stattdessen fraglos als Mitglieder des großen, symbolischen Kollektivs der nationalen Wertegemeinschaft verstanden (vgl. Mecheril 2011). Migrationshintergrund wird dadurch zu einem allgemeingültigen Anzeichen für Integrationsbedürftigkeit und zu einer Trennlinie, die als naturalisierte Unterscheidung Gültigkeit bekommt. Dass Menschen, die oder deren Eltern migriert sind, einen Migrationshintergrund aufweisen, wird kaum noch angezweifelt. Der Migrationshintergrund ist dabei eine diskursive Praxis, die immer wieder von neuem aufgerufen wird und durch seine institutionell verankerte Definition (erste und zweite Generation) und seine rechtliche Wirksamkeit zur Hierarchisierung der Zugehörigkeit aufruft.

Mecheril (2011) führt unter Berufung auf Foucault den Ausdruck „Integrationsdispositiv" ein, unter dem er

> „das Bündel von Vorkehrungen, Maßnahmen und Integrationsformen, mit dem es in öffentlichen Debatten gelingt, die Unterscheidung zwischen natio-ethno-kulturellem ‚Wir' und ‚Nicht-Wir' plausibel, akzeptabel, selbstverständlich und legitim zu machen" (ebd.).

Dispositive sind Reaktionen auf Probleme, die durch von Wissenssystemen gestützte machtvolle Strategien und durch Kontextualisierung der Ereignisse abgeschwächt werden sollen. Mecheril sieht das natio-ethno-kulturelle „Wir" in einer Krise und das Integrationsdispositiv als Antwort auf diese Krise bzw. als Spiegelung des nationalen Dispositivs, das mit dem Integrationsdispositiv in einer wechselseitigen Hervorbringung verkettet ist (vgl. ebd.). Integration stärkt die durch Migration verunsicherte Identität des „Wir" und bringt in der Praxis der Integration Andere hervor. Integration tritt daher nicht als die Eingliederung von sich Unterscheidenden, sondern von Unterschiedenen auf. Differenzen zwischen Menschen sollen durch diese

Argumente nicht negiert, aber einer auf Migrationshintergrund basierende Essentialisierung und Hierarchisierung entgegengewirkt werden.

Die Forderung nach Integration schafft Ungleichheit

Von diesem Othering durch Integration bzw. dem Integrationsdispositiv sind jedoch nur Drittstaatenangehörige, Nicht-EU-Bürger/innen betroffen und somit jene, die bei ihrer Ankunft in Österreich bezüglich Aufenthaltstitel, politischer Partizipationsmöglichkeiten, Anspruch auf Sozialleistungen und anderer Aspekte des gesellschaftlichen Lebens die geringsten Möglichkeiten zur Teilhabe aufweisen, während EU-Bürger/innen nahezu österreichischen Staatsbürger/innen gleichgestellt sind und von Integrationsverpflichtungen befreit bleiben. Gerade die Aufenthaltssicherheit ist ein bedeutender Aspekt, da Integration ein langfristiger Prozess ist und sich erst durch einen gesicherten Aufenthalt länger und beruhigter planen lässt – mit dem Lernen der Sprache ist erheblicher zeitlicher Aufwand verbunden, durch die Aufenthaltssicherheit und rechtliche Teilhabe steigt zudem die Bereitschaft sich eine Existenz im neuen Land aufzubauen (z.B. in Immobilien zu investieren).

Die rechtliche Integration von Migrant/innen geht jedoch nur schleppend voran. Die Staatsbürgerschaft wird zwar als abschließendes Ereignis der Integration gesehen, dabei aber nicht bemerkt, dass sich Migrant/innen davor in einem äußerst prekären rechtlichen Raum bewegen und sowohl bei Sozialleistung als auch bei politischer Partizipation mit einigen Hürden zu rechnen haben. Zudem ist das Erlangen der Staatsbürgerschaft an ökonomische Anforderungen und Verrichtung freiwilliger Arbeit (z.B. Mitgliedschaft in der Feuerwehr oder gemeinnützigen Vereinen) geknüpft. Über Erleichterungen zur Erlangung der Staatsbürgerschaft finden sich keine Maßnahmen im NAP.I, trotz Kritik wird zusätzlich weiter an den Staatsbürgerschaftstests festgehalten, die ein historisches Wissen (z.B. Österreich im Heiligen Römischen Reich usw.) prüfen. Natürlich ist ein Geschichtswissen als sinnvoll zu erachten, die Frage, wie vielen Österreicher/innen man nach Ablegen dieses Tests die Staatsbürgerschaft aberkennen müsste, bleibt aber bestehen. Der restriktive Zugang zur Staatsbürgerschaft und somit zu demokratischen Grundrechten wie der Teilnahme an Wahlen erschwert den Integrationsprozess. Es bedarf rechtlicher Gleichheit, um Integration in anderen Dimensionen (kulturell, politisch, sozial) als abgeschlossen anzusehen (vgl. Bauböck 2001: 40).

Othering, Ungleichheit und die Unmöglichkeit, die in Integrationskonzepten enthaltenen Assimilationsaufforderungen zu erfüllen, sind integraler Bestandteil des Konzepts, das unter den gegebenen Voraussetzungen und der normativen Einseitigkeit scheitern muss und womöglich scheitern soll.

Durch Migration treten wir in Kontakt mit Menschen, die andere Erstsprachen sprechen, andere Religionen haben, eine andere Herkunft bzw. Mehrfachzugehörigkeiten (hybride Identitäten) aufweisen und bei nationalen Sportveranstaltungen andere Fahnen schwenken. Unsere Identität wird durch das Auftreten von Abweichungen von den vorherrschenden Normalitätsvorstellungen und -vorgaben innerhalb des nationalen Kontexts verunsichert. Durch den Integrationsimperativ werden wir jedoch beruhigt, da sich zeigt, dass sich bestimmte Mitglieder der Gesellschaft, nämlich die, die als irritierende Abweichungen identifiziert werden, anpassen müssen. Zugleich wird durch die Definition des Anderen durch Migrationshintergrund deutlicher, was im nationalen Kontext normal ist und wer rechtmäßig zum „Wir" gehört. Integration muss offenbar notwendigerweise scheitern, da sie über das Othering und der Erzeugung von Ungleichheit und Benachteiligungen einem natio-ethno-kulturellem „Wir" zur Selbstversicherung dient – das „Wir" erlernt sich über die Anderen bzw. indem es entscheidet, was es nicht ist und diese Unterschiedenen in gesellschaftlichen Praxen vielfach wiederholt ausführt und die vorherrschenden Zustände reproduziert.

Würde Integration erfolgreich vollzogen werden – was schon allein aufgrund der Tatsache, dass sie durch das ständige Aus- und Einwandern von Menschen und dem daraus resultierenden neuen Ganzen nie als abgeschlossener Prozess betrachtet werden kann (auch können schwer greifbare Anforderungen wie die Übernahme der Werte ständig neu bestimmt und so die Erfüllung dieser Auflagen unmöglich gemacht werden) – wäre die aktuell vorherrschende natio-ethno-kulturelle Identität nicht nur in einer Krise, sondern in eine neue migrationsgesellschaftliche Identität integriert und umgedeutet. Nach wie vor aber bildet die Vorstellung einer homogenen Nation als Einheit von Kultur, Werten und Sprache das Negativ für Integration und gibt vor, woran sich Migrant/innen anzugleichen haben. Durch Integration verlagert sich der Kampf um die Identität vorerst in den nationalterritorialen Raum und verstärkt durch dessen Verunsicherung die Hervorbringung und Bestätigung dieses Raumes. Es entsteht eine Verhärtung der Trennlinien sowie der Vorstellung eines homogenen Komplexes, der durch das vorherrschende Integrationskonzept Bestätigung erfährt und zugleich unter der Annahme von Integration als wechselseitigen Angleichungsprozess in seiner Identität bedroht wird, da nicht nur Humankapital integriert werden muss, sondern genauso die Geschichte, die Werte, die Normalitätsvorstellungen einer Gesellschaft. Die Staatsbürger/innen bedürfen durch die Entstehung eines neuen „Wir" einer Versicherung, dass sie nach den alten nationalen Vorstellungen noch zugehörig sind. Da aber der Alltag vermehrt lehrt, dass diese homogene Nation eine Imagination ist, gerät die durch wiederholt durchgeführte Rituale bestätigte nationale Identität in eine tiefere Krise. Erst mit dem Eingeständnis einer pluralen Gesellschaft, die sich nicht mehr ausschließlich über eine Sprache, eine Kultur, eine Religion und eine Fahne definiert, kann Integration als neue gesellschaftliche Selbstkonstruktion funktionieren.

Solange ein starres, auf Nation rekurrierendes Konzept der Integration zugrundeliegt, muss sie scheitern. Erst die Berücksichtigung der Tatsache, dass mit jedem erfolgreichen Schritt in Richtung einer integrierten Gesellschaft eine Modifikation des Ausgangsnegativs zur gegenseitigen Angleichung notwendig ist, kann zu gelingender Integration führen. Als Forderung an Individuen muss sie aber scheitern, da sie durch Othering voneinander getrennte, abgegrenzte Gruppen hervorbringt, Integration als Forderung an eine Gesellschaft, ihre Strukturen und Institutionen, muss ebenso die Anderen, auf deren Auftreten sie reagiert, anerkennen – ein Paradox das nicht aufzulösen, sondern zum Scheitern verurteilt ist und daraus seine (Existenz-) Berechtigung bezieht. Integration firmiert zu einem Kreislauf des Scheiterns: Migrationsandere scheitern an den mehrheitsgesellschaftlich orientierten nationalen Systemen, müssen sich unter diesen Bedingungen einer als einseitigen Assimilation verstandenen Integration unterziehen, die ebenso scheitern muss, da unmöglich, was zu einer Verschärfung der Integrationsmaßnahmen führt. Die Aufnahmegesellschaft wiederum scheitert am Negativ, an dem sich Integration ausrichtet, da es nur in der Imagination, aber nicht im Alltag einzulösen ist. Integration stützt die Imagination des „Wir" und verstärkt zugleich die durch Anerkennung von Migration entstandene Krise des „Wir" – wenn die Anderen zum „Wir" gehören, kann die Imagination des natio-ethno-kulturellen „Wir" nicht mehr aufrechterhalten werden, auf das sich allerdings, aus Mangel an Alternativen, die Mitglieder verstärkt berufen.

„Insofern kann der Integrationsdiskurs, das unausgesetzte öffentliche Reden über ‚Integration', als Versuch interpretiert werden, durch die Rede über ‚die Anderen' und die Notwendigkeit, diese in ein vermeintlich bestehendes Ganzes zu integrieren, ‚die Gesellschaft' und ‚das gesellschaftliche Wir' zu beschwören. Problematisch ist, dass es sich permanent zu entziehen droht. ‚Wir', die wir im Sprechen erst entstehen, sprechen so viel über die (Integration der) Anderen, damit wir wissen, wer wir sind." (Mecheril 2011)

Die Forderung nach Integration ist pseudo-paternalistisch

Integration kann als eine (pseudo-)paternalistische Praxis bezeichnet werden. Im Paternalismus wird zwischen einer Gruppe, die Behandlung erfährt (Behandelte) und einer anderen, die diese Behandlung vornehmen kann (Behandelnde), unterschieden, wobei paternalistische Handlungen immer zum Wohle der Behandelten, aber zugleich unter einer notwendigen Missachtung ihrer Selbstbestimmung vollzogen werden – so z.B. zwischen Erwachsenen und Kindern (vgl. Arens/Dirim 2012). Man muss allerdings zwischen zulässigen und unzulässigen Formen des Paternalismus unterscheiden – verkürzt definiert: zulässig sind solche Praxen, die tatsächlich das Wohl, Autonomie und Handlungsfähigkeit des Behandelten zum Ziel haben und unzulässig sind jene, die aufgrund irrtümlicher Annahmen misslingen (vgl. ebd.). Die Definitionen von Wohl und legitimen Mitteln seiner Erreichbarkeit unterliegen im Paternalismus der Sichtweise des Behandelnden und seiner Annahme, was darunter für den Behandelten zu verstehen sei. Dies legt nahe, dass es Formen von unzulässigem Paternalismus gibt, in denen das Wohl des Behandelnden dem vermeintlichen Wohl des Behandelten übergeordnet ist. Im Integrationsdiskurs etwa orientieren sich Forderungen an mehrheitsgesellschaftlichen Normalitätserwartungen, die Erhaltung eines nach mehrheitsgesellschaftlichen Bedürfnissen strukturierten Systems ist dem Wohl der Migrationsanderen übergeordnet.

Paternalismus wird an der Einseitigkeit des Integrationsimperativs deutlich, wobei im Integrationsdiskurs laut AG Sprache, Bildung und Rassismuskritik von Pseudo-Paternalismus zu sprechen ist – von zulässigen und unzulässigen Formen des Paternalismus sind nämlich

„jene Formen von Interventionen in die Freiheit des Gegenübers zu unterscheiden, die nur Vorderhand und rhetorisch auf Wohl, Handlungsfähigkeit oder Autonomie des Gegenübers zielen, faktisch aber anderes im Blick haben" (ebd.).

Etwa, wenn die Krise des natio-ethno-kulturellen „Wir" beruhigt werden bzw. seine Identität gestärkt werden soll oder Deutschkenntnisse als grundlegende Herausforderung der Migrationsgesellschaft dargestellt werden. Trotz guter Deutschkenntnisse aber erfahren Migrant/innen und Menschen, denen ein Migrationshintergrund zugeschrieben wird, Diskriminierungen, Ausschluss und erschwerten Zugang zu Ressourcen, während eine weiterhin monolingual ausgerichtete deutschsprachige Gesellschaft die migrationsgesellschaftlichen Herausforderungen für Bildungssysteme und andere Institutionen erheblich erleichtert.

Die Macht, die durch Integrationsregime auf Migrant/innen ausgeübt wird, wird durch ihr vermeintliches Ziel der positiven Folgen und Leistungen für die von dieser Herrschaft in Form von Forderungen, Förderungen und Sanktionen Betroffenen legitimiert. Migrant/innen sollen sich angleichen, Deutsch lernen, die Werte und Kultur annehmen etc. Wie oben erwähnt, ist ein bestimmter Grad an Angleichung notwendig, um einen Zugang und Teilhabe an den Institutionen und Ressourcen der Mehrheitsgesellschaft zu bekommen. Gleichzeitig dienen die an Migrant/innen gestellten Forderungen und Maßnahmen der Angleichung jedoch der Beruhigung der verunsicherten natio-ethno-kulturellen Identität. Das „Wir" ist durch die Anwesenheit von vielen Menschen, die immer weniger den von der Mehrheitsgesellschaft imaginierten und diese zusammenhaltenden und bestätigenden Normalitätserwartungen entsprechen, verunsichert. Um sich selbst zu beruhigen, definiert es einerseits die Gruppe der Anderen und fordert im selben Atemzug von den Anderen, die vermeintlich das Funktionieren der Gesellschaft stören, sich anzugleichen. Auch wenn Integration zuerst als eine Aufgabe der ganzen Gesellschaft ausgegeben wurde, so sind die Aufgaben klar den MmM zugewiesen, die positiven Effekte teilen sich scheinbar Mehrheitsgesellschaft, die sich nur marginal verändern muss, und MmM, die Teilhabe bekommen sollten.

Während Mehrheitsangehörige wählen dürfen, ob sie sich integrieren, geschieht dies bei MmM unter Druck durch gesetzliche Reglementierung, wie es bei der Integrationsvereinbarung und den Deutschlernfristen der Fall ist. Auf die individuelle Situation der Migrant/innen wird dabei wenig Rücksicht genommen, Deutsch muss gelernt werden oder mit Sanktionen (bis hin zur Abschiebung) ist zu rechnen. Die Argumentationslinie dabei ist die Teilhabe an den wirtschaftlichen Ressourcen, aber auch die Möglichkeit die eigenen Kinder mit der Schulsprache auszustatten (auch wenn dies selbst deutschsprachigen Eltern, die kein hohes Bildungsniveau aufweisen, schwer fällt).

Die Gesetze verdeutlichen den vermeintlich hohen Stellenwert des Spracherwerbs für den Integrationsprozess, es soll keine Zeit verloren werden, weshalb zum Glück, integriert zu sein, gezwungen werden darf. Sanktionen ersetzen dabei mögliche Motivation zum Wohle der Migrant/innen. Durch diese gesetzliche Bestimmung gibt der Staat vor, über die Bedürfnisse der Migrant/innen besser Bescheid zu wissen als sie selbst, wobei seine Vorstellung von den Bedürfnissen der Gesellschaft von einem monolingual deutschsprachigen Kontext ausgeht. Pseudo-Paternalismus ist aber nicht nur in diesen rigiden gesetzlichen Maßnahmen verankert, sondern äußert sich in „sanfteren" Zwängen, in Empfehlungen und Programmen, die Angleichung bewirken sollen, da diese als Lösung der migrationsgesellschaftlichen Herausforderungen angesehen werden. Der Zwangscharakter wird dabei ebensowenig wie die Notwendigkeit der Integration durch Angleichung hinterfragt.

> „Pseudo-Paternalismus stellt eine Maßnahme der Disziplinierung mit dem Ziel der Herstellung oder Legitimation von Dominanzverhältnissen dar. Pseudo-Paternalismus gibt vor, die Handlungsfähigkeit und das Wohl des und der Einzelnen im Blick zu haben: Damit legitimiert er Handlungen, Gesetze und Interventionen, die die Frage des Willens des und der Einzelnen paternalistisch gering schätzen" (ebd.).

Die assimilativen Tendenzen der Integrationspolitik offenbaren diese Praxis, die in der pseudo-paternalistischen Forderung nach Angleichung deren Unmöglichkeit und die Unterordnung der durch Einschränkungen erreichbaren Freiheit von Migrationsanderen unter das Wohl der Mehrheitsgesellschaft verschweigt.

Integration fordert Angleichung, jedoch ist diese nicht möglich, da Integration in der Interpretation der vorherrschenden politischen Systeme auf die (pseudo-paternalistische) Behandlung einer Gruppe der Anderen zielt, die in den Integrationsplänen definiert wird. So scheint Integration zum Scheitern verurteilt zu sein, sie bleibt ein partikulares Konzept, das sich nicht auf die Integrität der Individuen bezieht, sondern das funktionierende Bestehen der staatlichen Instanz, des national-ethno-kulturellen „Wir" abzusichern versucht. Ein universelles Integrationskonzept wäre zu präferieren, da es zwar ebenso regulativ angelegt wäre, jedoch danach fragt,

> „wie migrationsgesellschaftliche Verhältnisse geschaffen werden können, die die Wahrscheinlichkeit erhöhen, dass Individuen sich selbst als würdevolle Wesen erfahren, darstellen und verändern können" (Broden/Mecheril 2014: 12).

Dafür bedarf es einer Loslösung des Integrationsbegriffs von einer kontrollorientierten sicherheitspolitischen oder ökonomistischen Herangehensweise und einer Hinwendung zu einem wechselseitigen Prozess, der auf Anerkennung, Toleranz, Solidarität und Teilhabe fußt.

5.   Methode

An die oben vollzogenen Ausführungen und Thesen anschließend stellt sich nun die Frage, welche Adressierungen und welche Positionierungsoptionen sich für Menschen durch die Kommunikation des Staatssekretariats für Integration in Form von Presseaussendungen ergeben. Wie werden die nach offizieller Seite als integrationsbedürftig beurteilten Personen in diesen Inhalten anerkannt und wie werden sie adressiert? Enthalten diese Akte womöglich diskriminierendes Potenzial oder sind sie gar „integrationsfördernd"? Diese Fragen verweisen auf die bereits angedeuteten im Migrationsdiskurs vorherrschenden Machtverhältnisse und auf die Auflösung der ursprünglichen Bedeutung von Integration. Schlussendlich gilt es zu beantworten, ob sich unter diesen (sprachlichen) Integrationsbedingungen und dieser Spannung zwischen Integration und Assimilation überhaupt eine würdevolle Handlungsfähigkeit als anerkannte Subjekte erreichen lässt.

Die politischen Vorstellungen und Erwartungen von Integration sind durch die Analyse der Presseaussendungen dieser Institution rekonstruierbar, da sie Informationen über die (geplante) Integrationspolitik und die angedachten Maßnahmen an Medien und in weiterer Folge an die Öffentlichkeit kommunizieren, von diesen aufgenommen, reproduziert und verändert werden und so ihre Verbreitung im Diskurs finden. Das Staatssekretariat versucht offenkundig durch eine „Versachlichung der Debatte" vorzugeben, wie über Integration gesprochen wird, aber auch über welche Aspekte der Integration die Debatte geführt werden soll und ist als Institution dabei Teil und Aktant der diskursiven Praxis innerhalb des Integrationsdiskurses. Versteht man Diskurse als „gesellschaftlich formierte Praktiken des Sprechens" (Wrana 2006: 108), kann das Staatssekretariat als Ort der machtvollen (Re-)Produktion dieser Sprechweise und der Konstruktion von „Integrations-Wissen" betrachtet werden, wodurch die vorherrschende migrationsgesellschaftliche Ordnung gestützt wird. Die Presseaussendungen lassen sich in diesem Schluss als iterative diskursive Ereignisse, als sprachliche Äußerungen eines/einer legitimen Sprechers/Sprecherin im Integrationsdiskurs bezeichnen, die in den Medien aufge- oder übernommen sowie dabei normativ oder auch kritisch reproduziert werden.

In dieser Analyse werden Presseaussendungen der Anfangszeit des Staatssekretariats (im Zeitraum von 2011 bis 2012) vor der Eingliederung in das Bundesministerium für Europa, Integration und Äußeres herangezogen, der Fokus wird dabei auf sogenannte Key Incidents gelegt, auf Schlüsselereignisse im untersuchten Material, die vorherrschende Integrationsvorstellungen und darin enthaltene Positionierungen der adressierten Menschen bzw. der Menschen, über die gesprochen wird, rekonstruierbar machen.

Den ersten Key Incident bildet dabei die zum Leitspruch des Staatssekretariats erkorene Phrase „Integration durch Leistung", an die anschließend Neologismen („Integrationsbotschafter"; „Rot-Weiß-Rot-Fibel" bzw. „Werte-Fibel") und eine weitere Phrase („Migrationshintergrund als Chance") untersucht werden, die in enger Verbindung mit dem Leitspruch im Diskurs auftreten und zudem konkrete Initiativen bezeichnen.

Diese Beispiele stellen programmatische Konstanten dar, die von legitimen Sprecher/innen und Medien häufig zitiert werden; es handelt sich um sich wiederholende sprachliche Ereignisse, die stetig in leichten Abweichungen von einem machtvollen Aktanten reproduziert den Diskurs abbilden und zugleich hervorbringen. Die ausgewählten Presseaussendungen lassen sich somit als Key Incidents bezeichnen:

> „A key event is key in that the researcher assumes intuitively that the event chosen has the potential to make explicit a theoretical „loading". A key event is key in that it brings to awarenesss latent, intuitive judgements the analyst has already made about salient patterns in the data. Once brought to awareness these judgements can be reflected upon critically." (Erickson 1986: 108)

Folgt man Green und Bloome, werden mit der Methode zuerst Key Incidents identifiziert – im vorliegenden Fall sich häufig wiederholende markante Phrasen und Ausdrücke bzw. solche, die sich im Diskurs und der öffentlichen Wahrnehmung durchsetzen und eine besondere Aussagekraft zugeordnet bekommen –, danach beschrieben und Verbindungen zu anderen „incidents" und theoretischen Konstruktionen hergestellt sowie die Key Incidents in Verhältnis zu anderen Aspekten oder den sozialen Kontexten gesetzt (vgl. Green/Bloom 1997: 186). Auf die Identifikation des Key Incidents folgt eine interpretierende Beschreibung, um zu erläutern, unter welchen Bedingungen und in welcher Form Menschen durch Integration positioniert werden und ihnen Teilhabe ermöglicht wird, welches Konzept von Integration dadurch ersichtlich wird, wer davon betroffen ist und welche Gruppen dadurch konstruiert werden.

Ähnlich wie Green und Bloome definiert auch Erickson diesen Analyseprozess, in dem man zuerst dem Material ein Key Incident entnimmt,

> „link it to other incidents, phenomena, and theoretical constructs, and write it up so that
> others can see the generic in the particular, the universal in the concrete, the relation
> between part and whole (or at least between part and some level of context)“ (Erickson
> 1977: 61).

Das Key Incident erhält den Status eines repräsentativen Elements des Materials, an dem eine Analyse durchgeführt werden kann, die Schlüsse mit Aussagekraft für das gesamte Material ziehen lässt.

Zusätzlich sieht Erickson in den Key Incidents auch einen literarischen und rhetorischen Aspekt enthalten und zieht eine Parallele zwischen Key Incidents und Vignetten bzw. Emblemen (Erickson 1986: 149f.). Das Emblem ist ein Kunstwerk, das sich aus drei aufeinander bezogene Teile zusammensetzt, die gemeinsam einen hinter dem Emblem verborgenen Sinn erkennen lassen. Das Emblem besteht aus Pictura (Radierung oder Holzdruck) und Lemma (Sprichwort oder Zitat), gemeinsam bilden sie ein Geheimnis, das durch das Epigramm erklärt wird – aus dem Spezifischen wird in diesem Vorgang Universales gewonnen. Das Key Incident kann der Pictura gleichgesetzt werden, seine Überschrift dem Lemma und die Analyse und Interpretation dem Epigramm (vgl. Kroon/Sturm 2002: 100). Dabei kann das Key Incident wie das sinnbildliche Emblem betrachtet werden, es „ist eine reduzierte Repräsentation der Wirklichkeit, die einen Schlüssel zur Entschließung der Wirklichkeit und zum Gewinnen von Einsicht in Mikroprozesse, die anders unbemerkt bleiben würden, anbietet“ (ebd.: 110f.).

Im kommenden Abschnitt werden nach diesem Analyseablauf aus den Presseaussendungen extrahierte Key Incidents untersucht, die wirkmächtige Begriffe und Phrasen wiederholen. Im Zentrum stehen dabei die Fragen nach deren adressierender und subjektivierender Wirkung, den daraus resultierenden Positionszuweisungen sowie diskriminierenden oder anerkennenden Aspekten.

> „Die Reflexion des Gebrauchs von Begriffen wird insbesondere dann bedeutsam, wenn
> wir davon ausgehen, dass Begriffe nicht nur oder – radikaler – nicht soziale Wirklich-
> keit widerspiegeln, sondern soziale Wirklichkeit erzeugen. Begriffe sind Werkzeuge der
> Wahrnehmung. Sie sind Instrumente, die eine bestimmte Sicht auf Wirklichkeit ermög-
> lichen, weil sie bestimmte Zusammenhänge, Aspekte und Nuancen in den Vordergrund
> stellen“ (Mecheril 2011: 95).

Durch die Wiederholung und die ständige Reproduktion dieser Begriffe können die Presseaussendungen als diskursive Praktiken angesehen werden, die „diskursive Figuren“ hervorbringen und betonen:

„Als diskursive Figur lässt sich, ähnlich der rhetorischen Figur, allgemein eine im Text lokalisierbare Figuration von Elementen bezeichnen. Diese Figuration ist das Produkt eines Äußerungsaktes. Wenn der Äußerungsakt als wiederholbarer und wiederholter Akt eine diskursive Praktik darstellt, also ein wiederholtes Konstellieren einer Reihe von Elementen auf eine bestimmte Weise, dann ist die diskursive Figur die Konstellation, die aus diesem Akt resultiert. Die Figuren verhalten sich zu den diskursiven Praktiken wie das opus operatum zum modus operandi. Diskursive Praktiken lassen sich analysieren, indem man die Figuren als ihre produzierte Spur analysiert" (Wrana 2006: 139).

Die ausgewählten Key Incidents kommunizieren und konstruieren diskursive Figuren und somit ein Abbild der im Diskurs erfolgten Positionszuweisungen und Zuschreibungen. In der Folge werden vier Key Incidents nach dem emblematischen Schema analysiert: Als Lemma wird eine markante Stelle bzw. deren Paraphrasierung gewählt, der Ausschnitt der Presseaussendung lässt sich mit der Pictura gleichsetzen und die abschließende Analyse und Interpretation mit dem Epigramm.

6. Analyse

Mit der Methode der Key-Incident-Analyse wurden „Ereignisse" in den Presseaussendungen festgemacht, die zentrale Begriffe und Phrasen zu Integrationsinitiativen rahmen, die Eingang in die mediale Berichterstattung gefunden haben. Diese Begriffe und Phrasen dienen einerseits als Titel der Kapitel und stehen darin andererseits exemplarisch für den Fokus, der in der Analyse der Presseaussendung gelegt wird. Die Key Incidents werden ausgehend von diesen Begriffen untersucht und es wird versucht, die Frage der subjektivierenden Effekte bzw. der Positionierung der Individuen durch diese herauszu-arbeiten, um in der Schlussfolgerung eine Verbindung, eine Kontinuität bzw. womöglich einen Widerspruch zwischen den Key Incidents festzustellen.

6.1 Integration durch Leistung

„Integration durch Leistung" lautet der Leitspruch, der von Minister Kurz seit Gründung des Staatssekretariats proklamiert wird und sich in einem Großteil der Presseaussendungen findet, sowie in kaum einem Interview mit dem Minister fehlt. An dieser Stelle wurde ein Key Incident gewählt, das exemplarisch für die häufige Wiederholung dieser Parole und ihre Ausführung steht und zudem ein zentrales Positionierungsangebot durch Leistung darstellt. Die Presseaussendung, der das Key Incident entnommen wurde, trägt den Titel „Kurz zu Integrationsbericht: Integration durch Leistung" und stellt eine geraffte Stellungnahme zur Präsentation des jährlich erscheinenden Integrationsberichts dar. In der Überschrift wird von 20 konkreten Maßnahmen gesprochen, die in der Presseaussendung auf Sprache und Bildung reduziert werden und, wie schon im Titel angekündigt, wird der Inhalt nahezu auf den Leitspruch beschränkt. Der Anfang und das Ende der Presseaussendung wurden hier gekürzt, da die Einleitung zu Beginn keine relevanten Information enthält und das Ende eine Anspielung auf die „Rot-Weiß-Rot-Fibel" aufweist, die weiter unten (siehe Kapitel 6.3) analysiert wird.

(...) In den vergangenen Jahren sei mit dem Bereich Integration nicht immer gut umgegangen worden: "Einerseits wurde viel gehetzt, aber auch viel geträumt", sagte Kurz.

Faktum sei, dass viele von den 1,5 Millionen Menschen mit Migrationshintergrund in Österreich hier geboren wurden und österreichische Staatsbürger sind. Das Motto "Alle raus" sei daher schon rein rechtlich nicht möglich, betonte der Integrationsstaatssekretär. Es sei aber auch nicht alles eitel Wonne, daher gehe es darum, im Bereich der Integration die Herausforderungen anzugehen und Probleme zu lösen. "Aus diesem Grund wählen wir bei der Integration einen völlig neuen Zugang, nämlich Integration durch Leistung", sagte Kurz. Dabei seien nicht die Herkunft oder die Religionszugehörigkeit wichtig, sondern der Charakter und die Bereitschaft, sich im Berufs- und Gesellschaftsleben anzustrengen und dadurch Anerkennung zu erlangen.

Aus diesem Grund hat der im Integrationsstaatsekretariat angesiedelte Expertenrat 20 konkrete Maßnahmen und Vorschläge für die Politik erarbeitet, um Integration zu verbessern. Ganz zentral ist dabei für Integrationsstaatssekretär Kurz Sprache und Bildung, denn sie sind "Grundvoraussetzung dafür, dass Integration überhaupt funktionieren kann". Als konkrete Vorschläge in diesem Bereich nannte Kurz das Assistenzpaket für Deutsch vor Zuzug sowie die Deutschkurs-Initiative für Niedergelassene. Mit einem Bildungspass soll zudem ein positives Anreizsystem geschaffen werden, der als Leistungsnachweis bei Bewerbungen dienen kann.

Als positive Anregung des Expertenrats nannte Kurz auch die Einführung eines zweiten Kindergartenjahres, das "gratis für alle und verpflichtend für jene, die es brauchen", sein soll. Denn Menschen mit Migrationshintergrund schneiden in der Ausbildung im Vergleich schlechter ab als jene mit deutscher Muttersprache. Der Sprachförderbedarf bei Kindern mit nicht deutscher Muttersprache liegt bei 80 Prozent, jener bei Kindern mit deutscher Muttersprache bei nur 15 Prozent. "Daher müssen wir hier politisch handeln, und mit dem zweiten Kindergartenjahr bieten wir einen konkreten Lösungsvorschlag", erläuterte Kurz. (...) (Bundesministerium für Inneres 2011a)

In diesem Key Incident lassen sich drei zentrale Leistungsforderungen erkennen: Anpassungsleistung (Erlernen der Sprache), Arbeitsleistung (Beruf) und gemeinnützige Leistung (Anstrengung im Gesellschaftsleben). Mit leichten Abänderungen und in kürzerer bzw. längerer Ausführung findet sich die Aussage auch in unzähligen anderen Presseaussendungen.

"Unser Ziel ist Integration durch Leistung: Es geht nicht darum, woher jemand kommt oder welche Religion er/sie hat, sondern, was jemand in Österreich leistet", bekräftigte Kurz. (Bundesministerium für Inneres 2012a)

Österreich profitiert wirtschaftlich, kulturell und gesellschaftlich von Menschen mit Migrationshintergrund. "Nicht Herkunft, Religionszugehörigkeit oder Ethnie zählen, sondern die Bereitschaft eines jeden Einzelnen, im Arbeitsleben und Alltag einen Beitrag zu leisten, um ein gutes Zusammenleben auch langfristig möglich zu machen. Menschen mit Migrationshintergrund sollen aber dabei nicht ihre Wurzeln verleugnen. (Bundesministerium für Inneres 2012b)

"Integration funktioniert durch Leistung. Nicht die Herkunft oder die Religionszugehörigkeit eines Menschen sind entscheidend, sondern der Charakter und die Bereitschaft, sich im Berufs- und Gesellschaftsleben anzustrengen und dadurch Anerkennung zu erlangen", betonte Staatssekretär Kurz in seinem Vortrag im Rahmen der Tagung. (Bundesministerium für Inneres 2012c)

Integrationsstaatssekretär Sebastian Kurz erklärt, warum ihm die Unterstützung dieses Projekts ein so großes Anliegen ist: "Integration läuft über Leistung. Und im Kindesalter ist diese Leistung Deutsch lernen. Dann funktioniert Integration. Leistung ist freiwillig und wer früher damit anfängt, umso besser", so Kurz. (Bundesministerium für Inneres 2011b)

Nachdem die Debatte um Integration in den letzten Jahren sehr kontroversiell und an manchen Stellen hetzerisch geführt wurde, wird durch das neue Motiv „Integration durch Leistung" eine sachlichere Herangehensweise angestrebt. Diese programmatische Forderung relativiert sich allerdings in ihrer Ausführung durch den Staatssekretär schon zu Beginn selbst: Vorgeblich soll durch Leistung diskriminierenden Ausschlussmechanismen, die auf Herkunft oder Religion rekurrieren, Vorschub geleistet werden und Partizipation an der österreichischen Gesellschaft möglich werden, jedoch bezieht sich diese Forderung, durch Leistung ein anerkannter, mit Teilhabe ausgestatteter Teil dieser Gesellschaft zu werden, nur auf eine bestimmte Bevölkerungsgruppe, nämlich auf MmM, eine aufgrund ihrer Herkunft bzw. der Herkunft der Elterngeneration unterschiedene Gruppe. Die Unterscheidung geschieht zuerst in der Hervorhebung einer relevanten Leistung, die Kinder mit Migrationshintergrund bzw. Immigrant/innen zu erbringen haben: das Lernen der legitimen Sprache. Mitglieder des natio-ethno-kulturellen „Wir", die ihre Identität auch aus der Vorstellung einer sprachlich homogenen Einheit beziehen, sind somit von der grundlegenden Integrationsleistung ausgenommen. Zudem wird Menschen mit anderen Sprachen eine geringe Autorität zu sprechen vermittelt und eine Inferiorisierung über Sprache vollzogen.

„Sprachkompetenz wird als kleinster gemeinsamer Nenner der Messbarkeit von Integration dargestellt und soll die Probleme von morgen lösen. Der Zusammenhang zwischen Sprachkompetenz und der Konstruktion einer gelungenen Integration wird als unhinterfragbar präsentiert, gleichzeitig wird Integration defizitorientiert konnotiert" (Gatt 2013: 164).

Sprache wird als Mittel zur Integration und Partizipation gesehen und nicht, wie oben ausgeführt, als deren Resultat. Selbstredend ist ein Aufwand nötig, um die im nationalsprachlichen Kontext legitime Sprache zu erlernen, das Gelingen oder Scheitern beim Zugang zu (sprachlichen) Ressourcen allein MmM zuzuschreiben, ist jedoch eine äußerst einseitige Verkürzung, die mit einer Defizitzuschreibung sowie aktuell mit dem Begriff der „Integrationsunwilligkeit" verbunden wird. Diese Identifikation von Migrationsanderen als problematische und defizitäre Gruppe zeigt sich im letzten Absatz des Key Incidents, in dem ein um ein vielfaches höherer Sprachförderbedarf und ein schlechteres Abschneiden in der Ausbildung bei MmM konstatiert wird. Besonders tritt dabei die Unterscheidung „mit Migrationshintergrund" von „mit deutscher Muttersprache" hervor, die grundlegend ausschließt, dass MmM Deutsch als Erstsprache sprechen könnten, was nicht den Tatsachen entspricht, jedoch das Bild der Unangepasstheit und Desintegration verstärkt und die symbolische Trennlinie zwischen dem „mutter-" bzw. erstsprachlichem „Wir" und einem „Nicht-Wir" mit Migrationshintergrund verstärkt aufruft. Eine Trennlinie, die selbst durch totale Assimilation in einer Generation nicht auflösbar ist, da sich der Migrationshintergrund nicht abstreifen lässt, und Subjekten, selbst wenn sie Deutsch als „Muttersprache" sprechen, die Zugehörigkeit zum „Wir" abspricht. Mit Sprache werden somit Zugehörigkeiten im nationalen Kontext markiert und durch die Knüpfung an den Migrationshintergrund ethnisiert (vgl. Dirim/Knappik 2014: 224).

Der „völlig neue Zugang" Integration durch Leistung zu betreiben und dabei alle anderen Trennlinien außer Acht zu lassen, die nach wie vor zur Diskriminierung und Schlechterstellung Geanderter dienen, gibt einerseits vor, dass durch diese „neue" Denkweise der Integration Diskriminierung keine Rolle mehr spiele und hürdenlos ermöglicht werde, andererseits wird im selben Atemzug das erfolgreiche Erbringen von Leistung von dem Charakter und der Bereitschaft des einzelnen abhängig gemacht und die Quelle des potentiellen Scheiterns festgestellt: fehlende Anerkennung in der Gesellschaft und mangelnde Integration lassen sich nach dieser Argumentationsstruktur auf mangelnde Bereitschaft und einen schwachen Charakter der einzelnen zurückführen, wodurch der Boden für rassistische Mentalitätszuschreibungen bereitet wird. Diskriminierung ist nach dieser Logik bloß eine Ausrede für das eigene Versagen; die potentiell Mitglieder des natio-ethnokulturellen „Wir" bevorzugenden Strukturen einer Gesellschaft können dadurch unhinterfragt bestehen bleiben. Von MmM wird die gleiche Leistung wie vom „Wir" gefordert, aber durch Differenzblindheit nicht berücksichtigt, dass die vorherrschende Strukturen bestimmte Menschengruppen bevorteilen und andere benachteiligen (vgl. Mecheril/Melter 2010: 40). So kommt etwa Kindern mit anderen Erstsprachen in der Schule das kulturelle Kapital der Eltern häufig nicht zugute, da ihre Sprachen keine legitime Währung im schulischen Kontext darstellen, weshalb auch Kinder aus höher gebildeten migrantischen Familien schlechter abschneiden als Kinder aus ähnlich gebildeten Familien der Mehrheitsgesellschaft (vgl. Diefenbach 2007: 44). Die mangelnde Anerkennung im Ausland erworbener Bildung erschwert es Leistung zu erbringen: „Je höher das Ausbildungsniveau, desto größer ist das

Migrationspönale." (Schober 2010: 197). Mit steigender Bildung schrumpfen die Chancen überhaupt eine Beschäftigung und noch mehr einen seiner Ausbildung gerecht werdenden Job zu finden. Leistungen werden häufig nicht anerkannt, aber dennoch werden sie eingefordert und zum Kriterium bzw. Indikator für gelungene Integration gemacht. Mittlerweile wurde die Parole „Integration durch Leistung" um die Anerkennung und Ermöglichung von Leistung erweitert, die zuvor im Ausland erbracht wurde. Es zeigt sich aber, dass gerade diese Leistung in Form von erworbenen Abschlüssen häufig wenig Anerkennung findet, was sich in der Beschäftigungszahl niederschlägt – so sehen sich im Jahr 2009 54% der gering gebildeten Einwanderer/innen (Menschen, die ihren Bildungsabschluss im Ausland erworben haben) mit einem Job versehen, gegenüber 60% der Staatsangehörigen, während bei höherer Bildung 70% bei den Einwanderer/innen 88% der Staatsbürger/innen gegenüberstehen. Leistung zu ermöglichen scheint zu scheitern (vgl. Gächter 2010: 152). Gächter verdeutlicht, dass es für Migrationsandere schwierig ist, die erworbenen Qualifikationen adäquat zu verwerten, da häufig im Ausland erworbene Bildung und Titel nicht anerkannt werden bzw. ihnen ein geringerer Wert zugeschrieben wird. Mangelnde Deutschkenntnisse sind dabei ein Deckmantel, was anhand der hohen Unterbeschäftigung bei Staatsbürgerinnen mit hoher Bildung deutlich wird (vgl. ebd.).

Durch die immer wieder aufgerufene Parole „Integration durch Leistung" wird von MmM eingefordert, ihre Anwesenheit durch Leistung zu legitimieren bzw. durch Leistung ein Teil der Gesellschaft zu werden. Dass das Erbringen von Leistung nicht allein vom Willen eines Menschen abhängt, sondern durch gesellschaftliche Strukturen und rechtliche Einschränkungen erschwert wird (z.B. sind Asylwerber/innen, deren Anträge in manchen Fällen erst nach Jahren entschieden werden, in dieser Zeit vom Zugang zum Arbeitsmarkt so gut wie ausgeschlossen), wird ebenso ausgeklammert wie die Tatsache, dass diese ausschließlich an MmM gestellte Forderung ein weiterer Ausdruck eines einseitigen Integrationsimperativs darstellt, da (auch nicht arbeitenden) österreichischen Staatsbürger/innen ohne Migrationshintergrund davon verschont bleiben – der Migrationshintergrund wird als Grund legitimiert, Leistung einfordern zu können, die Staatsbürgerschaft in Kombination mit der Erstsprache Deutsch hingegen befreit davon.

Gleichzeitig wird durch eine leistungsabhängige Integration eine weitere Trennlinie zwischen guten und schlechten MmM aufgerufen. Arbeitende, hochqualifizierte MmM gelten als integriert und erbringen Leistung für die Gesellschaft, ihre soziale Integration ist dagegen weniger bedeutend, es zählt der Ertrag. Diese Integrationsauffassung „setzt Migrant/innen dem Druck aus, ihre Anwesenheit durch ökonomische Effekte zu legitimieren" (Castro Varela/Mecheril 2010: 31). Auch in wohlwollenden Medienberichten und wissenschaftlichen Beiträgen wird versucht, den Nutzen und hohen Wert von Migrationsanderen für eine Gesellschaft in Geldbeträgen zu belegen, womit „zugleich die an rassistische und koloniale Bilder der ‚Gesellschaftsschädlichkeit' anschließende Möglichkeit der ‚Nutzlosigkeit', ‚Belastung' und ‚Überflüssigkeit' der Anderen erzeugt" (ebd.) werden. Weiter ausformuliert wird dieses Denkmuster in der Forderung nach qualifizierter Zuwanderung, die dem Staat eine nach Bedarf gesteuerte, selektive Zuwanderung ermöglichen soll, um Menschen anzuziehen, die dem „Wir" nutzen und der Sicherung des nationalen Wohlstands dienen. Qualifizierte Zuwanderung schürt zudem die Ängste von Menschen mit geringer Ausbildung, dass der jetzige Verlauf der Migration durch ein vermehrtes Vorkommen von leistungsunwilligen, unterqualifizierten MmM, ihre Arbeitsplätze gefährden oder zumindest zu einem Lohnverfall führen könnte. Migrationsandere werden als Risiko für den nationalen Wohlstand konstruiert, sie müssen sich aufgrund ihrer anderen Herkunft erst die legitime Teilhabe an den Ressourcen der Gesellschaft, die bei Staatsangehörigen genealogisch legitimiert ist, erarbeiten. Die Hierarchisierung von MmM über Leistung überdeckt die Biologisierung durch die Zuschreibung eines Migrationshintergrundes:

> „Der Effekt der meritokratischen Diskriminierung ist verglichen mit rassistischen, ethnizistischen und anderen Argumenten derselbe, aber ungleich besser, da „objektiv" und den Zeitumständen angemessen, naturalisiert und somit scheinbar nicht-ideologisch" (Hetfleisch 2010: 123).

Durch die Berufung auf den Leistungsgedanken werden MmM nach einer ökonomistischen, neoliberalen Logik angerufen und nach ihrer Wertigkeit bzw. Verwertbarkeit hierarchisiert in der Gesellschaft positioniert. Ein Subjekt erhält Anerkennung von Seiten des Staates durch die wirtschaftlichen Erträge und den wirtschaftlichen Nutzen für eine Gemeinschaft, es wird auf seinen Wert als Humankapital reduziert. Zugleich werden MmM durch die ausschließlich an sie gerichtete Forderung nach Leistung als tendenziell leistungsunwillig hergestellt (Desintegration durch Leistungsunwilligkeit), was mit der Tatsache der großen Deutschdefizite in der Gruppe der MmM belegt wird, schließlich stellt das Lernen der Sprache die grundlegende Leistung im Integrationsprozess dar – eine pseudo-paternalistische Integrationsmaßnahme, da sie vorgeblich zur Partizipation, aber offensichtlich zur Verwertbarkeit vollzogen wird.

Die Forderung nach Anpassung ist in „Integration durch Leistung" ebenso enthalten wie das über den Migrationshintergrund vollzogene Othering und das Scheitern der Integration. Gerade MmM müssen sich in der Mehrheitsgesellschaft anstrengen, ihre Anwesenheit statistisch nachweisbar zu legitimieren und werden so auch vermehrt von Staatsbürger/innen getrennt hervorgehoben. Individuelle Leistung soll zu einer objektiven Anerkennung von MmM führen, allerdings nimmt die Leistungsforderung, da sie sich nur an MmM richtet, die Institutionen bzw. institutionellen Strukturen einer Gesellschaft, die die Bedingungen zur Leistungsentfaltung stellen, unhinterfragt aus der Pflicht. Insgesamt entsteht somit entgegen dem Ziel der Entkoppelung von Kategorien wie Herkunft und Religion ein MmM, der genau über die genannten Kategorien Zugehörigkeit zugeschrieben bekommt – das Scheitern der Integration lässt sich über die Leistungsunwilligkeit aufgrund der Zugehörigkeit zur homogenisierten Gruppe MmM erklären, ein integrationsunwilliges Subjekt entsteht.

Die Forderung nach „Integration durch Leistung" ruft ein defizitäres, inferiores migrantisches Subjekt an, das über den Migrationshintergrund (vor allem aus Herkunft, Sprache und Religion zusammengesetzt) als vermeintliche Abkehr von diskriminierenden Differenzmarkierungen vom mehrheitsgesellschaftlichen „Wir" unterschieden wird und dessen Teilhabe an den gesellschaftlichen Ressourcen von seinem Charakter und seiner Bereitschaft zu leisten anhängig ist – im Falle von Leistung scheint der Integrationsprozess frei von Diskriminierung zu sein und Anerkennung nicht verweigerbar. Integriert ist somit jemand, der ökonomischen Erfolg hat, nicht integriert ist im Gegenzug, wer sich in der Gesellschaft an ökonomisch oder sprachlich prekären Orten wiederfindet. MmM werden durch diesen Leitspruch dazu aufgefordert sich sprachlich anzupassen und sich wirtschaftlich einzupassen, um anerkannt zu werden. Trotz der schlechteren Startchancen wird eine Überkompensation der durch von Normalitätserwartungen geprägten prekären Position gefordert. Eine klare Machtasymmetrie zwischen Migrationsanderen und Mehrheitsgesellschaft wird in dieser Integrationsaufforderung deutlich: MmM bekommen einen Integrationsanreiz durch drohende rigorose Sanktionen gestellt, während die etablierten Staatsbürger/innen die Position einer bewertenden Masse, die über Erfolg oder Misserfolg entscheidet, einnehmen. Fassen wir Integration jedoch als wechselseitigen Prozess auf, ist die gestellte Forderung in ihrer Einseitigkeit als hegemoniale Praktik der Unterscheidung und Verfestigung der Macht der dominanten Gruppe zu lesen, da von MmM die Reproduktion und Einpassung in die mehrheitsgesellschaftlichen Strukturen gefordert wird. Leistungsbezogene Integration wird als Schlüssel zur Teilhabe präsentiert, allerdings unter Aufgabe der eigenen Identität unter dem Opfer der Anpassung. Der Migrationshintergrund fungiert zwar ein Leben lang als Differenzmarker, aber eine Teilzugehörigkeit und Anerkennung als Geduldete/r scheint möglich. Dabei hält der Migrationshintergrund einen feinen Unterschied zwischen den Mitgliedern einer Gesellschaft aufrecht und verletzt Subjekte anerkennend in ihrer Selbstverortung. Nicht zuletzt kann „Integration durch Leistung" als Anschluss an den Arbeitsmigrant/innentopos gesehen werden, der einen Migrant darstellte, der gebraucht wurde, der dem Staat nutzte und seine Anwesenheit schlussendlich auch durch Leistung legitimierte, dennoch war seine Anwesenheit unerwünscht.

6.2   Integrationsbotschafter/innen

Seit 2011 besuchen sogenannte „Integrationsbotschafter/innen", gelegentlich begleitet von Minister Kurz, vor allem Schulen in Österreich und sollen laut Initiative „Zusammen:Österreich" Motivation für Integration schaffen und Vorurteile abbauen. Diese Initiative wurde gestartet, „um positive Beispiele für gelungene Integration vor den Vorhang zu bitten. Bekannte Persönlichkeiten aus Sport, Wirtschaft und Kultur, aber auch ‚Helden von nebenan' ",[12] die ihre „Erfolgsgeschichten der Integration" erzählen und für eine Diskussion über Integration bereit stehen. Zum Zeitpunkt des Bestehens des Staatssekretariats wurden zu den Besuchen der Integrationsbotschafter gemeinsam mit Staatssekretär Kurz Presseaussendungen versandt, die sich in der Rahmung gleichen, indem zu Beginn und am Ende stets die Initiative und ihre Ziele beschrieben werden, dazwischen aber finden sich die gekürzten erfolgreichen Biographien und meist eine dem Leistungsnarrativ entsprechende Aussage. Die Presseaussendungen zu diesem Thema treten in hoher Frequenz und im Verhältnis zu den anderen Presseaussendungen überproportional in

---

12 http://www.zusammen-oesterreich.at/index.php?id=5, Stand 4.1.2015

Häufigkeit und Wortanzahl auf. Zur Analyse werden hier vor allem die Aussagen der Integrationsbotschafter/innen herangezogen.

> (...) Die gebürtige Russin Karina Sarkissova lebt seit 1995 in Österreich. Nach ihrer Ausbildung an der Ballettschule des Bolschoi-Theaters in Moskau und am Ballettkonservatorium St. Pölten wurde Sarkissova im Jahr 2000 Mitglied des Balletts der Wiener Staatsoper. "Österreich ist ein sehr gastfreundliches Land, das für alle Menschen, die sich hier einbringen wollen, viele Möglichkeiten bietet", sagte Sarkissova. Für sie sei wichtig, "Österreich mit Respekt zu behandeln, in dem man sich integriert und die Sprache lernt, die Kultur versteht und nicht ständig zeigt 'Ich gehöre nicht dazu'".
>
> Cristina-Alina Grundner wurde in Rumänien geboren und erlernte den Beruf der Grundschullehrerin und Kindergartenpädagogin. In Graz absolvierte Grundner erfolgreich ihr Studium der Sozial- und Wirtschaftswissenschaften. Seit 2010 ist Grundner Leiterin der Sprachberatungsstelle im Referat für Kinderbildung und -betreuung der Steirischen Landesregierung. Ihr Engagement für die Aktion "Zusammen:Österreich" sei selbstverständlich: "Ich mache bei dieser Initiative mit, weil wir hier damit die Leistungen und Potenziale in den Vordergrund stellen können."
>
> Pujan Rohani wurde in Dänemark geboren und wuchs in Graz auf. Beruflich widmete sich Rohani der Unternehmensberatung im Krisen- und Notfallmanagement sowie der Koordination von Jugendprojekten in Österreich und in Europa. Ehrenamtlich ist er auch als Sanitäter für das Rote Kreuz tätig. Für Rohani ist der "Schlüssel für eine erfolgreiche Integration natürlich die Sprache". Dabei sollte aber auch nicht die Muttersprache vernachlässigt werden. "Wenn ihr zwei Sprachen daheim sprecht, nehmt das mit, dann ergeben sich dadurch tolle Chancen für euch." (...) (Bundesministerium für Inneres 2011c)

An diesem Ausschnitt wird ersichtlich, dass in allen drei Fällen eine sehr knappen auf Herkunft und Ausbildung bezogenen Biographie vorgestellt und eine Aussage zur Integration getätigt wird. Im ersten Fall wird Österreich als offenes Land dargestellt, das für leistungswillige Menschen Möglichkeiten bietet, am Leben teilzuhaben. Das Wort „gastfreundlich" deutet darauf hin, dass diese Freundlichkeit nicht ein Bleiben der Menschen erwartet. Um in den Genuss der Gastfreundlichkeit zu kommen, solle man Österreich Respekt entgegenbringen, was gleichbedeutend ist mit Anpassung: Sprachlich, kulturell und von Benehmen bis Aussehen. Nicht ständig die verweigerte Zugehörigkeit zu zeigen, wird von der Integrationsbotschafterin als respektvoll angesehen, wobei sie MmM unterstellt, eine österreichische Zugehörigkeit abzuweisen und anders wahrgenommen werden zu wollen – darin klingt eine normative Perspektive auf Zugehörigkeit an, die unter anderem auf Aussehen und Alltagspraktiken verweist. Das Sprechen einer anderen Sprache als Deutsch kennzeichnet einen Menschen somit bereits als nicht-zugehörig.

Die zweite Integrationsbotschafterin verweist wiederum auf Leistung, die eine Abkehr und die Auflösung von ausgrenzenden, rassistischen Praktiken oder Praktiken des Othering zu bedeuten scheint. Zudem werden die Potenziale von MmM betont. Der dritte Integrationsbotschafter hebt die Bedeutung der Sprache hervor, die er als Schlüssel für Integration ansieht, betont aber das Potenzial, das im Sprechen zweier Sprachen liegt – es ist etwas wert.

Die Integrationsbotschafter/innen bestätigen gemeinsam die bereits unter dem Motto „Integration durch Leistung" formulierten zentralen Forderungen des Staatssekretariats, Leistung zu erbringen, um die Abkehr von rassistischen Unterscheidungsmerkmalen nach Herkunft und Religion zu ermöglichen, die Sprache zu lernen und sich sprachlich, kulturell und bezogen auf Werte anzupassen. Sie verbreiten den Leitspruch, repräsentieren selbst dessen Umsetzung und gelten als der Beweis dafür, dass Migrationsandere in Österreich erfolgreich sein können. Die vom Staatssekretariat und dieser Initiative postulierte alleinige Bedeutung der Leistung der/des einzelnen für gelingende Integration wird gerade durch die Betonung der Herkunft der Integrationsbotschafter/innen konterkariert, die in engem Zusammenhang mit seinem/ihrem Erfolg und seiner/ihrer Leistung gestellt werden – MoM treten nicht als Integrationsbotschafter/innen in Erscheinung, obwohl in einer egalitären Gesellschaft sowohl für Mehrheitsangehörige als auch für Migrationsandere die selbe Leistung zu Erfolg und Anerkennung führen sollte. Die besondere Hervorhebung dieser Menschen und ihrer Erfolge suggeriert zudem, dass dieser Erfolg und diese Leistung von Migrationsanderen in der Gesellschaft nicht die Normalität darstellen.

Die Initiative will zwar Vorurteile aufbrechen, bestätigt allerdings das negative Stereotyp vom integrationswilligen MmM, da nur „leistende" MmM sprechen dürfen, die es geschafft haben, Teilhabe in der Gesellschaft zu erlangen und die nun dasselbe von anderen MmM einfordern. Der Migrationshintergrund wird dabei einmal mehr biologisiert und essentialisiert, da von ihm ausgehend die „Erfolgsgeschichten" erzählt werden. Soziale, ökonomische, bildungsabhängige und andere Faktoren wie Mehrfachzugehörigkeit, die das Leben der Menschen mitbestimmen, werden demgegenüber vernachlässigt. Gleichzeitig lassen sich die Geschichten der Integrationsbotschafter/innen als vorwurfsvolle Narrative lesen, die beweisen, dass der Wille sich anzupassen und etwas zu leisten, über den defizitären Migrationshintergrund hinwegkommen lässt: Integration ist durch Leistungsbereitschaft möglich, Leistung kann trotz Migrationshintergrund erbracht werden.

An dieser Stelle wird ein weiteres Mal die Trennung des guten vom schlechten MmM aufgerufen. Die guten Beispiele werden hervorgehoben und präsentiert, die Mittel der Überwindung eventuell bestehender gesellschaftlicher Hürden im Einklang mit den Positionen des Staatssekretariats gebracht und Erfolg als Konstante etabliert. Das gegenteilige Narrativ von erfolglosen MmM, vom Scheitern am Streben nach Erfolg trotz Willens oder aufgrund fehlenden Willens wird ausgeklammert und erfolglose Migrationsandere weiter marginalisiert. Dabei wird deutlich, dass MmM, die keine Leistung erbringen, in Österreich keinen Platz haben. Integration funktioniert ausschließlich über Erfolg und Anpassung. Es offenbart sich, dass trotz erfolgreicher Integration und erbrachter Leistung vollwertige Zugehörigkeit nicht möglich ist – der Migrationshintergrund bleibt ein Leben lang als Verhinderung der Zugehörigkeit erhalten.

Die Integrationsbotschafter/innen erscheinen weniger als Botschafter/innen der Integration als Botschafter/innen der Inhalte des Sekretariats, dessen Positionen sie wiederholen. Das Staatssekretariat versieht entlang der Kategorien „Migrationshintergrund" und „Beruf" selektierend Menschen mit dem Titel „Integrationsbotschafter/in" und stattet sie mit hoher Autorität über Integration und Migration zu sprechen aus – sie stellen Manifestationen der Subjektivierungsangebote dar. Integrationsbotschafter/innen subjektivieren Migrationsandere als integrationsbedürftige Andere und sich selbst als erfolgreich integrierte Andere. Ob die gewählte Form der Integration, die diese Personen durchgemacht haben, adäquat, verallgemeinerbar ist und vor allem tatsächlich erfolgreich war, müsste eigens analysiert werden.

Allein die Bedeutung des Wortes Botschafter, „ranghöchster diplomatischer Vertreter eines Staates im Ausland" (Duden – Deutsches Universalwörterbuch 2003: 309), evoziert eine Konnotation mit dem Fremden bzw. die Zuständigkeit für Fremde. Botschafter/innen agieren außerhalb des nationalstaatlichen Kontextes, treten in Interaktion mit ausländischen Vertretern, planen womöglich bilaterale Projekte, doch ihr Aufgabenbereich liegt klar außerhalb des Territoriums, das ihr Herkunftsland umfasst und zu dem es (Staats-)Zugehörigkeit aufweist, allerdings dienen sie als Ansprechpartner/innen und Anlaufstellen für Landsleute, die sich ebenso in der Fremde befinden – Migrationshintergrund wird hier als ein Zugehörigkeitsraum etabliert. Für Integrationsbotschafter/innen ist dieses Territorium äußerst unsicher, da sie einerseits als in die Mehrheitsgesellschaft integriert vorgestellt, andererseits, aber als Vertreter/innen des symbolischen (Nicht-)Zugehörigkeitsraumes „Migrationshintergrund" entsandt werden und sprechen sollen. Dadurch entsteht ein Bild der Fast-Zugehörigen, ein von assimilierten Staatsbürger/innen mit Migrationshintergrund. Auf der anderen Seite stehen in den Schulen die Kinder mit Migrationshintergrund, die möglicherweise bereits die Grundanforderungen von Integration erfüllen, denen aber nun der Leistungsdruck nachdrücklich vermittelt wird.

Die Integrationsbotschafter/innen erweisen sich weniger als vertrauensvolle Rückzugsgebiete für durch Integration Geanderte sondern als Kompliz/innen des Integrationsimperativs, indem sie sich von einer Institution instrumentalisieren lassen, die Leitmotive der Integrationspolitik zu verbreiten, anstatt auf die hohen individuellen Anforderungen des Integrationsprozesses hinzuweisen. Sie reproduzieren dabei die hegemoniale Praktik der Unterscheidung durch Sprache oder etwa auch durch die institutionalisierte Unterscheidung nach Migrationshintergrund. Die Integrationsbotschafter/innen wiederholen die vom Staatssekretariat definierte Ordnung, wodurch MmM eine inferiore Position zugewiesen wird, da sie erst die Mittel zur potentiellen Teilhabe an der Gesellschaft erwerben und ihre Anwesenheit durch (Anpassungs-)Leistungen legitimieren müssen. Zusätzlich wird ein-mal mehr einseitig Migrationsanderen die Integrationslast aufgebürdet, da nur Repräsentant/innen „ihrer" Gruppe auftreten und ausschließlich sie adressieren und von den anderen Schüler/innen abgrenzen – diese werden in ihrer Position als nicht-integrationsbedürftig und der gesellschaftlichen Norm entsprechend bestätigt. Dass Integrationsbotschafter/innen vornehmlich Schulen aufsuchen, ist kritisch zu sehen:

> „Bei der Sicherung der iterativen Produktion und bei der ›Vernatürlichung‹ von subjektivierenden Zugehörigkeitsordnungen spielen pädagogische Institutionen eine bedeutsame Rolle. Die Schule, das Jugendzentrum, die Universität, Einrichtungen der Erwachsenenbildung etc. stellen Orte dar, die Individuen in Selbstverständnisse und Selbstpraxen einführen, die durch hegemoniale Ordnungen vorstrukturiert sind. Die pädagogischen Institutionen sind produktiv im Hinblick auf die Positionierung von z.B. Schüler/innen im migrationsgesellschaftlichen Raum" (Mecheril 2014a: 17).

Integrationsbotschafter/innen wiederholen mit den Schüler/innen Unterscheidungspraxen und bestätigen, dass man den Migrationshintergrund nie los und mit ihm nie ganz zugehörig wird.

6.3 Rot-Weiß-Rot-Fibel

Im Juli 2011 kündigte Staatssekretär Kurz neben der Initiative unter dem Arbeitstitel „Top 100 Migranten", aus denen schließlich „Integrationsbotschafter/innen wurden, die Erstellung einer Wertefibel an, damit „Migrantinnen und Migranten die Grundwerte der rechtsstaatlichen Ordnung Österreichs" (Bundesministerium für Inneres 2011d) besser vermittelt werden können. Das folgende Key Incident gibt eine Vorstellung der Ausrichtung der mittlerweile veröffentlichten „Rot-Weiß-Rot-Fibel":

> Kurz: Integration künftig von Anfang an
> Kündigt Rot-weiß-rot-Fibel an, Österreich-Zentren vorstellbar
>
> Wien (OTS) - In seinem Pressestatement bei der Tagung "Integration von Anfang an" im "Haus der Bildung und beruflichen Integration" (Habibi) in Wien betonte Integrationsstaatssekretär Sebastian Kurz: "Es geht um die zielgerichtete Ansprache jener Menschen, die neu nach Österreich kommen, bereits in der ersten Phase ihrer Ankunft. Diese Menschen werden oft dem Zufall überlassen, denn es gibt von der Republik keinen Kontakt und keine Informationen über das Zusammenleben in Österreich oder das Wertgefüge unserer Gesellschaft, keine Information für den Start in ein erfolgreiches Erwerbsleben und zur Integration in die österreichische Gesellschaft. Verbesserungsbedarf besteht auch bei der Präsentation des Sprachkursangebots. Wir wollen einen Integrationsbogen spannen, vom ersten Kontakt an der Botschaft im Herkunftsland bis zur erfolgreichen Integration in Österreich", so Kurz. "Es heißt, von Menschen, die neu zu uns kommen, wird erwartet, dass sie unsere Werte, unsere Kultur kennen und schätzen. Dann müssen wir das diesen Menschen aber auch vermitteln", sagt der Staatssekretär. Der Expertenrat für Integration erarbeitet dazu eine "Rot-weiß-Rot-Fibel", die noch heuer fertig werden soll.
>
> Um Migrantinnen und Migranten bei ihrem Ankommen in Österreich zu begleiten, sind eigens eingerichtete Informationszentren eine gute Lösung. Für Kurz sind "Österreich-Zentren" vorstellbar, diese sollten aber mit den Ländern und Gemeinden abgestimmt werden. Wichtig sei hier zudem, dass für alle Regionen gleiche Mindeststandards definiert werden, damit ein einheitliches Angebot gewährleistet ist. Der Staatssekretär verwies darauf, dass mit der Tagung erst der Auftakt erfolgt sei. (...) (Bundesministerium für Inneres 2012d)

Gleich zu Beginn der Presseaussendung fällt die Forderung nach „Integration von Anfang an" auf, bei der eine Fibel helfen soll, welche die Werte der österreichischen Gesellschaft und Informationen über das Zusammenleben für MmM aufbereitet vermittelt. Sofern sich Österreich als eine plurale Gesellschaft versteht, ist es eine Herausforderung, Werte zu finden, welche die gesamte Gesellschaft bereitwillig mitträgt und vertritt, und die nicht eine normative Vorgabe einer hegemonialen Gruppe bedeuten. Die Gesellschaft sieht sich durch Migration mit neuen Sichtweisen und unterschiedlichen

Wertesystemen konfrontiert, das Wertegefüge der Migrationsgesellschaft und seiner Mitglieder ist somit ständig einer Dynamik der Veränderung ausgesetzt. Zudem entstehen Werte häufig aus historischen Prozessen und Ideologien, die sich stark unterscheiden – der Sozialismus vertritt andere Werte als der Neoliberalismus, jedoch finden sich Anhänger beider Ideologien in der österreichischen Gesellschaft wieder. Ebenso verhält es sich mit dem Zusammenleben in Österreich, das sich in der Stadt anders gestaltet und mit anderen Herausforderungen konfrontiert sieht als am Land, das im Gemeindebau andere Fragen aufwirft als in einer Gated Community. Wer gibt nun die Werte vor, von denen die Gesellschaft ausgeht und wieso sollen sie nur neuen Zuwanderern vermittelt werden?

Das Postulat, das eine solche Fibel darstellt, ist das einer homogenen Wertegemeinschaft, die sich auf eine Reihe von Übereinkünften das Zusammenleben betreffend verständigt hat, die nun den „Wert-Fremden" beigebracht werden sollen. Dieser pädagogische Charakter ist bereits im Wort „Fibel" angelegt, das nach Duden folgendermaßen definiert wird: „1. (veraltend) Lesebuch, nach dem die Schüler der ersten Klasse lesen u. schreiben lernen. 2. Lehrbuch, das in die Anfangsgründe eines bestimmten Fachgebietes einführt: eine F. für Bastler." (Duden Universalwörterbuch 2003: 541). Aus dem belehrende Gestus wird kein Hehl gemacht, im Gegenteil, die Vermittlung der Werte wird als Pflicht des Staates angesehen, in einer Broschüre wohlgemerkt und am besten noch vor der Einreise.

Die mittlerweile fertiggestellte „Rot-Weiß-Rot-Fibel" setzt sich ausgehend von der Grundlage der Menschenwürde aus 6 Prinzipien (Freiheit, Rechtsstaat, Demokratie, Republik, Föderalismus, Gewaltenteilung) und 18 Werten (Selbstbestimmung, Verantwortlichkeit, Selbstdisziplin, Gerechtigkeit, Anerkennung, Respekt, Teilnahme, (Kultur-)Bildung, Offenheit, Gemeinwohl, Einsatzbereitschaft, Freiwilligkeit, Vielfalt, Eigenverantwortung, Leistung, Sicherheit, Konfliktkultur, Zivilcourage) zusammen. Dabei handelt es sich keineswegs um österreichspezifische Werte, sondern um demokratische Grundprinzipen bzw. Ideale, die in jedem demokratischen Staat angestrebt werden – ob die österreichische Gesellschaft diese Werte und Prinzipien verkörpert, die Menschenwürde tatsächlich eine ständig beachtete Grundlage darstellt bzw. alle Mitglieder der Mehrheitsgesellschaft sich über Prinzipien und Werte im Klaren sind, ist anzuzweifeln, dennoch bleiben sie von der Belehrung durch eine Fibel befreit.

Migrationsanderen wird durch die Konfrontation mit dieser Fibel ein Aufholbedarf unterstellt, die Notwendigkeit einer Einführung in die „öster-

reichische" Kultur und Werte, die allerdings nichts „Wir"-Spezifisches darstellen, sondern sich u.a. ausgehend von der bürgerlichen Revolution in historischen Prozessen weltweit entwickelt haben. Es entsteht dadurch eine
Positionierung als ein infantilisierter, kulturferner, fast schon weltfremder
MmM, der nicht dem „Zufall überlassen" werden darf, wenn er in die neue
„Werte-Gemeinschaft" kommt, die Fibel soll ihn an diese heranführen. Die
daraus resultierenden Zuschreibungen erinnern an das kolonialistische Bild
eines zu zivilisierenden Fremden, dem Grundlegendes zur Teilhabe an der
Gesellschaft fehlt und der erst in die grundlegenden Verhaltensregeln einer
Gesellschaft eingeführt werden muss.

Diese Einführung erfolgt in der 2013 fertiggestellten Fibel unter anderem
in illustren Erklärungen der Werte, die am Weltwissen einer privilegierten
Schicht anschließen und aus einer stereotypen österreichischen Perspektive
ansetzen:

> „Freiheit kann ein Gefühl sein, wie man es beispielsweise beim Sport und in der freien
> Natur – wie beim Skifahren in den Bergen – erlebt. Freiheit bedeutet aber auch, dass
> man diese in Verantwortung für sich selbst und die Mitmenschen gebraucht und diese
> eigene Freiheit selbstverständlich auch bei allen anderen Menschen anerkennt, achtet
> und respektiert.
>
> Ausdruck dessen ist auch die Meinungsfreiheit: sie haben die Freiheit, eigener
> Meinung zu sein und diese auch öffentlich kundzutun – ihre Mitmenschen haben die
> Freiheit, diese Meinung nicht zu teilen." (Bundesministerium für Inneres 2013: 10)

Die Erklärung liest sich als Anschluss an die Konstruktion eines autoritär
geprägten, nicht-westlichen Subjekts, dem in Österreich die Freiheit ge-
schenkt wird und deren Gebrauch ihm beigebracht werden muss, wobei Migrationsandere, sofern sie Drittstaatenangehörige sind, diese Freiheit zuerst in
der Möglichkeit ihrer Einschränkung erleben.

Die Distanz zum Weltwissen, an das Menschen aus anderen Ländern anschließen können, wird an der Einführung zum Wert „Solidarität" deutlich:

> „Stellen Sie sich vor: Alles beginnt mit normalem Regen, aber wie beim Jahrhundert-
> hochwasser 2002 treten einige Tage später die Flüsse über die Ufer und auch ihr Haus
> steht unter Wasser. Katastrophenalarm wird ausgerufen und Feuerwehr, Bundesheer,
> Nachbar/innen und freiwillige Helfer/innen arbeiten gemeinsam mit ihnen auf Hochtou-
> ren, um noch schlimmere Überschwemmungen zu verhindern. in Notsituationen wie
> diesen zeigt sich, wie wichtig die Bereitschaft, Hilfe zu leisten, ist." (ebd.: 22)

Die in der Presseaussendung gestellte Forderung nach Integration von Anfang an („erster Kontakt an der Botschaft") verdeutlicht eine dem Integrationsprozess inhärente Hierarchisierung, die bereits oben angesprochen wurde:
Mit voller Wucht trifft der Integrationsimperativ nämlich nur Nicht-EU-

Bürger/innen bzw. Drittstaatenangehörige, da EU-Bürger/innen gegenüber Staatsbürger/innen rechtlich – Wahlrecht auf Bundesebene ausgenommen – nicht diskriminiert werden dürfen und dadurch Auflagen wie die Integrationsvereinbarung für sie nicht wirksam werden. Menschen hingegen, die zur Einreise bzw. zum Aufenthalt mit Arbeitserlaubnis ein Visum brauchen, sollen bereits vor der Ankunft mit dem Integrationsprozess beginnen. Isoliert von der Zielgesellschaft entsteht eine klare einseitige Zuteilung der Verantwortlichkeit für die Integrationsbemühungen an Menschen in prekären rechtlichen Situationen.

Die zusätzlich geäußerte Idee der „Österreich-Zentren" mutet paradox an und führt in seiner Bezeichnung Integration beinahe ad absurdum. Migrationsandere sollen in diesen Einrichtungen beim Ankommen unterstützt werden und die grundlegenden Informationen zu Österreich bekommen. Solche Zentren würden im Ausland noch annähernd Sinn ergeben, während sich das Ankommen im Zielland doch vor allem durch die gesellschaftlichen Bedingungen und Strukturen ergeben sollte, durch eine Ermöglichung der Teilhabe am System und nicht durch die Separierung der Migrationsanderen in ein Zentrum, in dem sie „Österreich lernen". Die Werte und Regeln einer Gesellschaft sollten im Alltag ersichtlich werden und diese Gesellschaft gestalten, nicht potentiellen neuen Mitgliedern als Aufgabe aufgebürdet werden, die sie an den Mitgliedern der Gesellschaft nicht erfüllt sehen. Sollte dies nicht der Fall sein, ist wohl eine gesamtgesellschaftliche Fibel vonnöten. Wenn notwendige Informationen zur Arbeitssuche, zur Krankenversicherung o. Ä. an einem exklusiven Zentrum für Migrationsandere und nicht an den entsprechenden Stellen, die auch von Mehrheitsangehörigen aufgesucht werden, zu bekommen sind, wird zudem die Trennlinie und Hierarchisierung zwischen den beiden Gruppen verstärkt. Es soll damit nicht geleugnet werden, dass Migrationsandere z.B. zum Thema Arbeitsmarkt aufgrund der abweichenden rechtlichen Situation spezifische Information benötigen, allerdings stellt sich die Frage, ob Integration von Anfang an nicht auch bedeutet, von Anfang an dieselben Institutionen wie Mitglieder der Mehrheitsgesellschaft als Ansprechpartner/innen aufzusuchen.

Die Wertefibel kann als ein Versuch gesehen werden, das Zusammenleben in Österreich eine nach vermeintlichen Normalitätserwartungen strukturierte Grundlage zu geben. MmM werden darin allerdings zutiefst pseudopaternalistisch und unangemessen adressiert. Zudem werden sie durch die belehrende Form einer Einführung in die österreichische Kultur als kulturfern und infantil positioniert, als Migrationsandere, für die diese Werte eine Neuerung darstellen, an die sie herangeführt werden müssen und das möglichst vor der Einreise, um das vorherrschende fragile Werteideal nicht zu gefährden. Die Fibel zielt jedoch vielmehr auf die hegemoniale Ein- und Anpassung bzw. Unterwerfung von MmM ab und setzt sie einem hohen Erwartungsdruck sowie ständiger Beobachtung aus, ob die Einhaltung dieser Werte geschieht. Ein Verstoß dagegen kann Migrationsanderen sofort als Integrationsunwilligkeit ausgelegt werden und die Legitimität des Aufenthalts in Frage stellen. Allerdings verunsichern Staatsbürger/innen diese Werte häufig, ohne Kulturalisierungen oder Sanktionen ausgesetzt zu sein, wie z.B. im Fall des Wertes „Konfliktkultur": „es braucht Konfliktkultur – sie müssen bereit sein, Konflikten gewaltfrei zu begegnen, um für Ihre eigenen Rechte und auch die Rechte anderer einzutreten" (ebd.: 33). Gewalt in der Familie oder bei Konflikten wird durch derartige Formulierungen in der Fibel außerhalb des österreichischen Kontextes verortet und Anderen zugeschrieben. Diese Tatsache zeigt sich auch in Medienberichten über Gewalt- und Tötungsdelikte, die bei Beteiligung von MmM häufig zu Ehrenmorden stilisiert werden, während bei Staatsbürger/innen oM von Familiendramen die Rede ist.

Werte dienen in der Fibel als Trennlinie, es werden zwar demokratische, republikanische Werte benannt, gerade aber in der öffentlichen Diskussion dient der Werte-Begriff einmal mehr als Referenz auf Kultur. Österreichische Werte meint österreichische Tradition und österreichische hegemoniale Strukturen. Werte richten sich dabei gegen Veränderung und Öffnung und stellen eine Norm für die Anpassung dar. Dabei sind Werte nicht stabil, sondern verändern sich mit der Zugehörigkeit und der eingenommenen Subjektposition in einer Ordnung. Bildung, Selbstbestimmung, Offenheit usw. sind keineswegs als Konstanten auszumachen, sondern stark subjekt- und situationsabhängige Werte. Nicht zuletzt ist die „Rot-Weiß-Rot-Fibel" eine weitere Assimilationsaufforderung, die die „mitgebrachten" Werte der Migrationsanderen als dysfunktional und mit der österreichischen Gesellschaftsordnung unvereinbar diskreditiert, ihr Wertesystem wird nach der vorherrschenden Ordnung deklassiert und als nicht passend bestimmt. Ein Zusammenspiel, ein integratives Aneinander-Angleichen der Werte wird nicht diskutiert, sondern ausschließlich die Übernahme gefordert. Selbst wenn Migrationsandere diese Werte bereits teilen, wird ihnen verdeutlicht, dass die Mehrheitsgesellschaft die Macht besitzt, dies festzustellen oder abzuerkennen. Sie sind das Paradebeispiel für Integration als Containerbegriff, in den von der Mehrheitsgesellschaft ständig neue Auflagen und Hürden gepackt werden: wird die Sprache beherrscht und Leistung gebracht, können noch immer die Werte zur Abgrenzung herangezogen werden.

6.4   Migrationshintergrund als Potenzial

Wie eingangs erwähnt ist ein häufig in wohlwollenden Texten auftretender Topos die Hervorstreichung des Nutzens von Migrant/innen und des hohen Beitrags, den sie für die Gesellschaft leisten. Diese Perspektive auf Migration wird immer wieder unter der Forderung, das daraus entstehende Potenzial zu nutzen, geführt. Diese Forderung wird einerseits an den Staat oder wie im unten folgenden Key Incident an die Wirtschaft gerichtet, andererseits werden aber auch Migrationsandere dazu aufgefordert, ihr Potenzial zu nutzen und ihre Anwesenheit als Chance zu verstehen und sich verwertbar zu machen. Der Key Incident bezieht sich auf eine Studie der Wirtschaftskammer Österreich.

StS Kurz: Österreich braucht „qualifizierte Zuwanderung"
Studie der WKÖ bestätigt "Migration ist Chance gegen den Fachkräftemangel

Wien (OTS) – "Wir müssen Menschen nicht nach ihrer Herkunft, sondern nach ihrer Leistung beurteilen. Österreich braucht begabte, qualifizierte und engagierte Menschen, um als Wirtschaftsstandort erfolgreich zu sein. Diese Menschen tragen dazu bei, Österreich noch weiter zu bringen", sagte Integrationsstaatssekretär Sebastian Kurz anlässlich der heutigen Präsentation der Studie der Wirtschaftskammer Österreich (WKÖ) zum Fachkräftemangel in Österreichs Wirtschaft.
Von den Betrieben werden vor allem das Engagement, die Flexibilität und Sprachkenntnisse der Arbeitnehmerinnen und Arbeitnehmer mit Migrationshintergrund geschätzt. "Dieses Potenzial müssen wir nutzen. Deshalb ist es unser Ziel Menschen mit Migrationshintergrund bestmöglich zu fördern, damit sie sich noch besser und rascher in den österreichischen Arbeitsmarkt integrieren können", sagte Kurz.
In diesem Zusammenhang bekräftigt der Integrationsstaatssekretär seine Forderung, auch Bachelor-Abschlüsse für die "Rot-Weiß-Rot-Card" anzuerkennen. "Wir bilden junge Menschen mit Steuergeld aus, aber arbeiten und Steuern zahlen tun sie dann woanders. Das ist nicht ok", betont Kurz. Aus Angst davor, dass zu viele Studierende nach ihrem Abschluss in Österreich bleiben würden, habe man die Beschränkung auf den Master beschlossen. "Jetzt wissen wir, wir haben durchaus Bedarf an gut ausgebildeten jungen Menschen, die dann auch in Österreich bleiben um hier Steuern zu zahlen", sagt Kurz.
"Qualifizierte Migration ist notwendig für den österreichischen Arbeitsmarkt, um unsere Wettbewerbsfähigkeit auch weiterhin sicherstellen zu können. Es ist nicht wich-

tig, woher man kommt, sondern die Bereitschaft sich anzustrengen. Dadurch kann erfolgreiche Integration auch der Schlüssel gegen den Fachkräftemangel sein und einen wichtigen Beitrag zur Entlastung unseres Arbeitsmarktes leisten", betonte Kurz. (Bundesministerium für Inneres 2011e)

In dieser Presseaussendung wird das Leistungsnarrativ der österreichischen Integrationspolitik weitererzählt und am Beispiel des Fachkräftemangels der Chancen- bzw. Potenzialaspekt von Migration hervorgehoben – die Erkenntnis einer Wirtschaftsorganisation, dass Migration wirtschaftlichen Nutzen haben kann, scheint wenig überraschend. Der Ruf nach „qualifizierter Zuwanderung" ist dabei in zwei Richtungen auszulegen: einerseits als Forderung nach stärkerer Selektion der Zuwanderer und andererseits als Hierarchisierung dieser Gruppe. Dabei werden gute von schlechten Zuwanderern getrennt und formuliert, dass bis jetzt eher „unqualifizierte Zuwanderung" dominierte, die ein Risiko und keinen Nutzen für die Gesellschaft und Wirtschaft darstellt. Zwar wird wieder hervorgehoben, dass Leistung keine Herkunft kenne, allerdings bei anderer Herkunft die Kriterien Begabung, Qualifikation und Engagement für Anerkennung und Wertschätzung innerhalb der Gesellschaft festgelegt. Engagement, Flexibilität und Sprachkenntnisse werden offenbar bei MmM in der österreichischen Arbeitswelt geschätzt, wieso diese Zuschreibungen gerade bei dieser Gruppe zu finden sind bleibt offen. Polemisch könnte Engagement auf Wissen über den Bedarf größerer Leistung für Anerkennung zurückgeführt werden, die Flexibilität auf die Tatsache, dass die Person über einen Migrationsprozess definiert wird, was auch auf in Österreich geborene Menschen zutrifft, und dadurch bereits eine gewisse Flexibilität aufweist. Auch die Sprachkenntnisse werden vom Migrationshintergrund abgeleitet, wobei der nicht durchgängige herkunftssprachliche Unterricht an Österreichs Schulen sowie die Tatsache, dass verschiedenen Sprachen gerade im Wirtschaftssektor unterschiedlicher Status aufgrund der Nachfrage zukommt, das Potenzial einschränken kann. Migrationsandere werden hier einmal mehr als wirtschaftliche Ressourcen adressiert, die nach dem Leistungsprinzip einzig legitime Position in einer nach wirtschaftlichen Aufschwung strebenden kapitalistischen Gesellschaft – es gilt die Potenziale des migrantischen Humankapitals herauszustreichen und über Studien die Verwertbarkeit zu untersuchen und umzusetzen.

Der Anerkennung von MmM als Potenzial bzw. dem Streben nach „qualifizierter Zuwanderung" widerspricht allerdings die „Rot-Weiß-Rot-Card" – eine Art Green Card –, die für einen Großteil von Universitätsabsolvent/innen unerfüllbare Auflagen stellt (2015: Einkommensuntergrenze

2.092,52€ brutto) und nur für einen geringen Bruchteil der Antragssteller/innen Arbeit in Österreich ermöglicht, auch weil das gesamte Einkommen aus einer Beschäftigung erwirtschaftet werden muss. Die Unterstellung, MmM oder Student/innen aus dem Ausland würden nicht in Österreich arbeiten wollen, entspringt auch dieser restriktiven Arbeitsmarktpolitik, die Menschen ohne österreichische Staats- oder EU-Bürgerschaft betrifft. Es handelt sich dabei zudem um eine Forderung an MmM ihre Teilhabe am österreichischen Bildungssystem durch wirtschaftliche Erfolge in Österreich zu legitimieren – österreichische Student/innen würden wohl lautstark protestieren, würde man sie verpflichten nach ihrem Studium ausschließlich in Österreich zu arbeiten, MmM hingegen wird Migration als Verstoß gegen den Gesellschaftsvertrag ausgelegt.

Die abschließend wiederholte Forderung nach der Bereitschaft sich anzustrengen kann in Anbetracht der nach Herkunft diskriminierenden Hindernissen, die bei Interesse sich einzubringen entstehen, als durchaus zynisch bezeichnet werden. Integration wird zudem auch als „Schlüssel gegen den Fachkräftemangel" bezeichnet, was die im Leitspruch „Integration durch Leistung" enthaltene Selektivität andeutet: durch Integration angesprochen wird eine bestimmte Gruppe von MmM, nämlich Fachkräfte. Eine Möglichkeit sich zu integrieren, ist offenbar die vom Staat benötigten Leistungskriterien zu erfüllen. Nach dieser vereinfachten Logik lässt sich für Migrationsandere einfach errechnen, ob sie in Österreich gebraucht werden und ob sie sich überhaupt integrieren können.

Migrationsandere werden in dieser Presseaussendung ähnlich wie in den vorhergehenden Key Incidents über den Leistungsbegriff als wirtschaftliche Ressourcen adressiert, über die die Mehrheitsgesellschaft verhandelt und deren Brauchbarkeit bzw. Verwertbarkeit bestimmt. Bedeutet ein zugeschriebener Migrationshintergrund bereits, dass die Anwesenheit über Leistung zu legitimieren ist, so wird dies bei MmM, die in Österreich ihre (Aus-) Bildung absolviert haben, verstärkt eingefordert. Die Bedürfnisse von MmM rücken dabei in den Hintergrund und die Chance, das Potenzial dieses andersartigen Humankapitals zu nutzen, in den Vordergrund. „Qualifizierte Zuwanderung" stellt zudem eine gute, integrationsfähige Gruppe von Zuwanderern einer unqualifizierten, integrationsunfähigen, da nach neoliberaler Ansicht unbrauchbaren Gruppe gegenüber. Durch den offenen Bezug zur Wirtschaft in dieser Presseaussendung wird deutlich, dass „Integration durch Leistung" weniger einem gesellschaftlichem als einem wirtschaftlichem Zusammenleben dient. Die erwähnten Fördermaßnahmen zielen demnach pseudo-paternalistisch auf die Anpassung an die Bedürfnisse des Wirtschaftssystems und die Verwertbarkeit der Migrationsanderen ab.

6.5 Ergebnis

In den analysierten Key Incidents lassen sich durchgehend übereinstimmende Positionierungsangebote und Positionszuweisungen, die an dem integrationspolitischen Leitmotiv „Integration durch Leistung" anschließen, erkennen. Die vom Staatssekretariat für Integration versandten Presseaussendungen äußern sich vor allem über Migrationsandere und die sie betreffenden Integrationsmaßnahmen. Als sprachliche Äußerungen einer staatlichen Institution können diese große Autorität und Legitimität hinter sich vereinen – es wird mit Macht gesprochen, die auch aus der Anerkennung durch die Medien, die in Form der Wiedergabe dieser Äußerung vollzogen wird, zu erklären ist. Der erste Adressat der Presseaussendungen sind die Medien, für die sie als Informationsquelle dienen, allerdings stellen sie nur eine Mittlerfunktion zwischen Institution und Medienrezipienten dar, wobei die Äußerung in der Übertragung durch die Mittler gekürzt, kommentiert oder auch kritisiert werden kann. Medien beteiligen sich somit an der diskursiven Praktik, bestätigen die Autorität der Institution und reproduzieren in gewisser Weise in den Presseaussendungen bzw. Begriffen enthaltene Subjektivierungsformen und Positionszuweisungen. Um seine Konzepte in der Mehrheitsbevölkerung, die schließlich sonst nicht mit Integration in Kontakt kommt, zu verbreiten, kommuniziert das Staatssekretariat den Medien gewissermaßen, wer die Anderen sind, die integriert werden müssen, wodurch sie unterschieden werden, wie die Unterschiedenen integriert werden können und was ihnen zur legitimen und nützlichen Teilhabe fehlt.

In den Presseaussendungen werden dabei Migrationsandere nicht direkt adressiert, sondern Maßnahmen und Initiativen zu ihrer optimalen Einpassung in die Gesellschaft verhandelt, MoM und ihre Beteiligung am vermeintlich wechselseitigen Integrationsprozess werden ausgespart und als unproblematisch gekennzeichnet. Die Einseitigkeit des Integrationsimperativs nimmt im einseitigen Sprechen über Migrationsandere ihren Ausgang: alle vorgestellten Maßnahmen und Initiativen betreffen MmM und entwickeln eine pseudo-paternalistische Kraft, da sie zwar potentiell auf die Ermöglichung von Teilhabe abzielen, zuerst allerdings eine Unterwerfung unter die vorherrschenden hegemonialen Strukturen und Bedingungen der Mehrheitsgesellschaft einfordern, mit einem Wort: Assimilation. Menschen sollen die Sprache lernen, die Werte und Kultur annehmen, nicht aus der Normalität herausragen und die Vorstellung der nationalen Gemeinschaft nicht verunsichern.

Eine Positionierung, die sich durch alle Analysebeispiele zieht und grundlegend im Konzept der Integration angelegt ist, erfolgt über die Kategorie „Migrationshintergrund", die ein naturalisiertes Kriterium für Integrationsbedürftigkeit darstellt und als Differenzmarkierung Zugehörigkeit zum natio-ethno-kulturellen Wir ausschließt.

> „Mit Differenzmarkierung kommt zum Ausdruck, dass Unterschiede, was immer dies heißen mag, nicht an sich vorhanden sind, sondern in komplexen und zum Teil widersprüchlichen politischen, medialen, wissenschaftlichen, administrativen Praktiken hergestellt werden" (Eggers 2010: 60).

„Migrationshintergrund" verweigert Zugehörigkeit und stellt einen Behandlungsbedarf fest; die damit versehenen Menschen werden als Normalitätsabweichungen gekennzeichnet, schließlich ist es nicht üblich explizit auf „Menschen ohne Migrationshintergrund" zu verweisen. In den besprochenen Key Incidents werden Migrationsandere zudem als defizitär, leistungsunwillig bzw. -unfähig, wertfern und als nicht passend anerkannt, weshalb sie eine inferiore Position und zum Teil pseudo-paternalistische, infantilisierende Behandlung zugewiesen bekommen. Allerdings wird in oder gerade aufgrund dieser inferioren Position ein Potenzial erkannt, dass über Leistung Integration und Handlungsfähigkeit möglich werden kann.

Integration soll das Zusammenleben in der Migrationsgesellschaft positiv gestalten und gleichberechtigte Teilhabe für Migrationsandere ermöglichen, was laut Staatssekretariat durch von MmM erbrachter Leistung erfolgen soll. Die analysierten Beispiele weisen jedoch darauf hin, dass nicht Handlungsfähigkeit, sondern ihre ökonomische Verwertbarkeit das Ziel darstellt: In allen Key Incidents werden Migrationsandere ausgehend vom Leistungsprinzip nicht als Subjekte adressiert, sondern als Elemente nach einer wirtschaftlichen Logik der Verwertbarkeit. Die soziale Integration wird hinter die Integration des Humankapitals in das volkswirtschaftliche System gereiht. Durch die machtvolle Institution des Staatssekretariats wird Migrationsanderen durch die Konstruktion als defizitäre Subjekte eine inferiore Position in diesem System nahegelegt, die durch Integration behoben werden soll. Diese Positionszuweisungen liegen in einer vollzogenen Objektivierung begründet, die in der vom Staatssekretariat geforderten „Versachlichung der Integrationsdebatte" angelegt ist, durch die ausgehend vom mit Wissenschafter/innen besetzten Expertenrat eine Loslösung von Befindlichkeiten und Hinführung zu einer differenzierten Diskussion, auf der Basis von wissenschaftlichen Auseinandersetzungen und Informationen der Beteiligten vor Ort geschehen soll. Diese Versachlichung bedeutet eine Objektivierung der Besprochenen und ein Sprechen über die Anderen anstatt einer gesellschaftlichen Interaktion – in den Key Incidents sprechen stets Mehrheitsangehörige, außer im Falle der Integrationsbotschafter/innen, die jedoch kein eigenes Wort zu besitzen scheinen.

Wer keine verwertbare Leistung erbringt, ist leistungs- und somit integrationsunwillig, „qualifizierte Zuwanderer" können sich von vornherein als willkommene, „gute" Migrationsandere verstehen, während „unqualifizierte Zuwanderer" als schlechte, schwer integrierbare MmM subjektiviert werden. Für als zu integrierend Identifizierte besteht die Möglichkeit durch Angleichung die Position als wirtschaftliche Ressource und die daraus resultierende Entsubjektivierung anzunehmen oder sich als leistungsunwilliges, inferiores und zu belehrendes, infantiles Subjekt durch Integration anerkennen zu lassen. Diese Identifikation bzw. Positionszuweisung resultiert aus der Differenzmarkierung „Migrationshintergrund", über die zwischen „Wir" und „Nicht-Wir" eine symbolische Trennlinie gezogen wird. Integration verstärkt den Migrationshintergrund als Unterscheidungspraktik, die die Machtasymmetrie zugunsten der Mehrheitsgesellschaft und die Identität der MoM stabilisiert – hegemoniale gesellschaftliche Strukturen bleiben durch den essentiellen Leitspruch „Integration durch Leistung" unhinterfragt, da er gleiche Chancen für alle behauptet und den Willen und die Bereitschaft der Menschen als Ursache für die eingenommene Position einführt, womit der Boden für die Debatte um Integrationswille und -verweigerung bereitet wird.

Solange Integration Assimilation fordert, muss sie scheitern, da Assimilation unmöglich ist und volle Zugehörigkeit zum „Wir" durch den Migrationshintergrund, der im Sprechen über Integration wiederholt aufgerufen und bestärkt wird, verhindert wird. Durch die Forderung nach Leistung, nach Übernahme der Werte und Nutzen des Potenzials wird Wissen über Migrationsandere als leistungsunwillig, wertfern, defizitär und ungenutztes Potenzial geschaffen, womit eine Hierarchisierung vollzogen wird: MmM werden als Risiko für das Wertegefüge, aber vor allem für die nationale Wirtschaft, behauptet, womit wiederum die auf Migrationsandere treffenden Forderungen nach Integration legitimiert werden. Statt Integration erfolgt eine stärkere Abgrenzung des natio-ethno-kulturellen „Wir" von einem „Nicht-Wir", das weiter in ein gutes (qualifiziert = integrationsfähig) und schlechtes (unqualifiziert = integrationsunfähig) „Nicht-Wir" unterteilt wird.

Die Kommunikation wie auch die beschriebenen Initiativen fördern nicht das Ziel einer integrierten Gesellschaft, sondern lasten Integration als Aufgabe zur Gänze Migrationsanderen auf. Teilhabe wird durch das Erfüllen dieser Aufgaben unter Einschränkungen ermöglicht, die Zugehörigkeit jedoch bleibt in weiter Ferne. Integration in Österreich gestaltet sich mehr und mehr normativ und regulativ, geht aber mit dem Eingeständnis bzw. der Anerkennung der Veränderung der Gesellschaft einher. Die Tatsache, dass die hegemonialen mehrheitsgesellschaftlichen Strukturen durch Migrationsphänomene irritiert werden, wird anerkannt, allerdings nicht die hegemonialen Strukturen der Gesellschaft hinterfragt, sondern eine von Normalitätserwartungen abweichende Gruppe der Anderen konstruiert, die integriert werden muss. Um die Mehrheitsgesellschaft nicht zu sehr zu irritieren, wird festgestellt, dass MmM sich zu integrieren haben, um sie zu beruhigen, wird festgestellt, dass MmM zwar eine Abweichung darstellen, aber Potenzial in sich tragen und nicht ganz wert(e)los sind, was MmM durch Leistung(-swille) und Erfolg belegen können. Selbst diese inferiorisierende, verletzende Positionierung als wirtschaftliche Ressource ist als ein Akt der Anerkennung zu verstehen.

7.　Schluss

Durch die im Integrationsdiskurs verwendeten Begriffe werden migrationsgesellschaftliche Ordnungen aufgerufen, bestätigt oder widerlegt. Menschen wird durch Begriffe Anerkennung erteilt und eine Position zugewiesen – hinter dem Begriff „Fremde/r" ist ein anderes Konzept der migrationsgesellschaftlichen Wirklichkeit zu erkennen, als in der Verwendung des Terminus' „Migrationsandere/r". In dieser Analyse wurden Aussagen eines Sprechers (Staatssekretariat für Integration) untersucht, der als staatliche Institution ein hohes Maß an Autorität sowie Legitimität hinter sich vereinen kann und als Stimme der Mehrheitsgesellschaft auftritt. Der Subjektivierung durch Presseaussendungen kann man sich nicht entziehen, selbst wenn Medien gemieden werden, da sich in ihnen ein Sprechen über die enthaltenen Inhalte ereignet, das von einer direkten Ansprache der besprochenen Personen absehen kann, weil es bereits im Diskurs aufgenommen wurde – ein Artikel, der eine Presseaussendung zum Anlass nimmt, ist dabei bereits eine Gegenadressierung: das Staatssekretariat wird in seiner Position als bedeutende und wirkmächtige Institution bestätigt. Die in den Phrasen und Begriffen angelegten Ordnungen wiederum werden – selbst in Form von Kritik – durch die Wiederholung zu gewissem Grad reproduziert und gestärkt. Dementsprechend sind die besprochenen Key Incidents gerade aufgrund ihrer häufigen Wiederholung als bewusst gewählte diskursive Praxis der Beruhigung einer hegemonialen Ordnung zu sehen. Diese Arbeit ist nicht bestrebt, eine Political Correctness einzufordern, die zur Änderung der Begrifflichkeit aber nicht der Praxis führen würde, und bietet auch keine alternativen Termini an, sondern weist kritisch auf die Positionierungen durch bestimmte Begriffe und dahinterliegende Konzepte hin.

Integration präsentiert sich in den Presseaussendungen als ein stark diskriminierendes Konzept, als eine hegemoniale Unterscheidungspraxis, die grundlegend die Trennung zweier Gruppen (re-)produziert, deren Zusammenführung zu einem neuen Ganzen sie dem Wortursprung nach anstrebt. Es erfolgt eine Positionierung, die Menschen ohne Migrationshintergrund in einem natio-ethno-kulturellen „Wir" und Menschen mit Migrationshintergrund in einem „Nicht-Wir" verortet. Das „Wir" steht dabei für die Normalität, eine imaginierte homogene Gemeinschaft, das „Nicht-Wir" hingegen wird als Abweichung davon konstruiert und im Vergleich zum „Wir" abgewertet. Das bereits in der Unterscheidung „mit Migrationshintergrund" angelegte Othering wird in der Kommunikation des Staatssekretariats verfeinert: Mitglieder des „Nicht-Wir" benötigen laut Integration eine gesonderte Aufforderung zur Leistung, sie werden sprachlich und kulturell defizitär, häufig unqualifiziert, vom etablierten Wertesystem abweichend behauptet, zusätzlich wird zwischen „guten" und „schlechten" MmM unterschieden. Über diese Zuschreibungen entsteht ein komplexes Bild des Fremden, das die heterogene Zusammensetzung des „Wir" in Abgrenzung zum „Nicht-Wir" vergessen lässt und seine kollektive Identität bestärkt. Durch diese negativ konnotierte Abwertung erfahren Migrationsandere eine Inferiorisierung, da sie für die bestehende Gesellschaft als unpassend und nicht voll handlungsfähig erklärt werden, womit die Behandlung durch Integration legitimiert wird, die jedoch als pseudo-paternalistische Maßnahme zur Bestätigung des „Wir" vollzogen wird. Integration identifiziert Andere, definiert ihre Andersartigkeit und beruhigt jene, die nicht behandelt werden, als im natio-ethno-kulturellen Kontext zugehörig.

Nicht gesellschaftliche sondern volkswirtschaftliche Integration und Anpassung an das hegemoniale System treten als das vordergründige Ziel auf. Dabei bestätigt die vorherrschende Integrationspolitik die bestehende Ordnung, indem sie Menschen, die als Abweichungen von der Norm identifiziert werden, mit Forderungen und Förderungen belegt, sie als Andere durch Migrationshintergrund kennzeichnet und hierarchisiert. Migrationsandere werden in den Presseaussendungen des Staatssekretariats, wie im Integrationsdiskurs allgemein, entsubjektiviert – dies geschieht einerseits über die Zuschreibung des Migrationshintergrundes, der alle Menschen dieser Kategorie als homogenes Kollektiv konstruiert, andererseits durch die buchstäbliche „Versachlichung", die durch die Adressierung als ökonomische Ressource, als wirtschaftliches Potenzial vollzogen wird. Integrationserfolg wird im Sinne dieser neoliberalen Ausrichtung nicht als individuell definierbar angesehen, nicht etwa über das Ausmaß der Teilhabe an der Gesellschaft und ihren Ressourcen erklärt, sondern umgekehrt durch die gesellschaftliche Teilhabe am Individuum, durch den in Geldbeträgen messbaren Erfolg sichtbar gemacht. Assimilation durch Sprache und Werte bildet dafür die Grundlage, das Ziel aber ist die wirtschaftliche Integration, d. h. die Legitimation der Anwesenheit und der Teilhabe durch ökonomische Leistung.

In allen Key Incidents erfolgt ein Othering: an einem Punkt über Leistung, an einem anderen wiederum über Werte, die vor den vorherrschenden Normalitätserwartungen als Abweichungen konstruiert werden. Ob Österreich eine Leistungsgesellschaft ist, die diese Werte verkörpert, ist nebensächlich, solange diese Leistung und diese Werte einer „anderen", unterschiedenen Gruppe abgesprochen werden können. Dazu müssen diese faktisch nicht realisiert sein, es reicht, sie an Anderen nicht erfüllt wahrzunehmen und diese Anderen somit als Fremde abzutrennen. Migrationsandere werden so zu Gütern in einem System von Angebot und Nachfrage reduziert und erfahren eine entsubjektivierende Ansprache.

Unter diesen Vorzeichen wird Integration eher gefordert als gefördert. Maßnahmen, die eine angestrebte Assimilation unterstützen, werden unter Aufrechterhaltung der hegemonialen Ordnung und dem Einbezug von teilweise harschen Sanktionssystemen etabliert. Unterwerfen sich Migrationsandere den geforderten Leistungen (Sprache, Werte, Anpassung, Arbeit etc.) ist nahezu gleiche Teilhabe möglich, volle Zugehörigkeit allerdings wird verweigert.

Wann können wir nun von erfolgreicher Integration sprechen? Ist sie mit dem Sprechen der legitimen Sprache abgeschlossen oder muss die Staatsbürgerschaft erworben sein? Es zeigt sich, dass Migrationsandere sämtliche an sie gestellte Forderungen erfüllen können, aber selbst dann eine dynamische und schwer greifbare Auflage wie das Teilen des Wertesystems als ein äußerst flexibles Kriterium zur Verweigerung der Integration zum Einsatz kommen kann. Unter dem Aspekt der Werte werden wiederum nur MmM adressiert, die österreichische Gemeinschaft scheint davon wie natürlich durchzogen zu sein und bleibt daher von einer Belehrung verschont. Die geäußerte These der Integration als ökonomistische Praxis lässt den Schluss zu, dass die mit unserer Gesellschaft unvereinbaren Werte vielmehr die Differenz zwischen dem Wert zu sein scheint, den wir Migrant/innen beimessen und dem Wert, der ihnen unter dem Vorzeichen einer gerechten, sozialen und aufgeklärten Gesellschaft, als die wir uns verstehen, zukommen sollte.

Unter diesen Vorzeichen tritt Integrationsverweigerung – sofern dieses Wort eine legitime Entsprechung besitzt – als eine Selbstermächtigungspraxis auf, die sich gegen die durch Integration vermittelten inferioren und objektivierenden Positionen wendet. Allerdings wird dadurch der Subjektstatus in der binären Differenzordnung in Gefahr gebracht, da das Subjekt vom „Wir" keine Anerkennung als Teil des „Wir" oder „Nicht-Wir" erhält – eine ausschließliche Anerkennung durch Mitglieder des „Nicht-Wir" erschwert das Einnehmen machtvoller und vor allem handlungsfähiger Positionen.

Integration als hegemoniale Praxis fragt ausschließlich danach, wie mit Migrationsanderen umzugehen und welchen Forderungen von ihnen nachzukommen ist. Der migrationshintergrundlose Teil der Gesellschaft bleibt unberührt. Die Richtung, nach der integriert wird, verläuft entlang der binären Unterscheidung von Außen nach Innen, die in der Sprache der Integration festgeschrieben ist. Wenn eine machtvolle Institution wie das Staatssekretariat für Integration keine adäquate und vor allem anerkennende Sprache findet, sondern in ihrer Kommunikation machtvolle Unterscheidungen und Schlechterstellungen (re-)produziert, ist von Medien und Öffentlichkeit kaum eine Differenzierung zu erwarten und Ausländer/in, Fremde/r oder Mensch mit Migrationshintergrund werden weiterhin als Synonyme bestehen bleiben.

Eine präzise Sprache und die Anerkennung der Tatsache, dass Subjekte nicht unter einen Begriff zu bringen sind, wären wünschenswert. Migrationshintergrund als Kategorisierung diskriminiert und ignoriert die vielfältigen Ausformungen von Migration. Integration muss individuelle Bedürfnisse berücksichtigen, sie wird durch das Konstruieren einer vermeintlich homogenen Masse zwar das verunsicherte natio-ethno-kulturelle „Wir" bestärken, aber keine Antwort auf die Herausforderungen und Fragen der Migrationsgesellschaft finden, die mit einem auf Homogenität basierenden Nationsgedanken nicht vereinbar ist. Solange Integration als ein Regulativ, als Mittel der Abgrenzung und Beschränkung sowie als Othering fungiert, erfüllt sie ihre Aufgabe per definitionem nicht.

Eine angestrebte Objektivierung des Diskurses ist schwer vorstellbar, solange das Staatssekretariat die Diskursvorherrschaft anstrebt und versucht, die Debatte an ihrer politischen Vorstellung von Integration auszurichten. Objektivierung ist aber in der Diskussion über MmM zu erkennen, die sich auf ihre Verwertbarkeit nach dem Leistungsprinzip richtet und sie von ihrer Stellung als Individuen loslöst.

Anhand der Analyse konnten vorherrschende Positionierungsangebote durch das Staatssekretariat für Integration aufgedeckt und auf die neoliberale Komponente bzw. Ökonomisierung der Integrationspolitik hingewiesen werden. Die Frage nach Möglichkeiten zur Gegenpositionierung konnte nur angedeutet werden, indem auf die iterative Ausführung von Praxen verwiesen wurde, in der ein subversives Moment zu erkennen ist, da jede Wiederholung immer auch eine Veränderung bedeutet. Eine Anleitung dazu kann hier nicht gegeben werden, da sich diese Arbeit als Kritik versteht.

Integration kann in ihrer Einseitigkeit nicht funktionieren, in ihrer Auslegung als Leistung oder Wille lastet sie das Scheitern dem/der Einzelnen an und lässt Konstruktionen wie „Integrationsunwillen" entstehen. Es gilt weiterhin dekonstruktiv an diese Begriffe heranzugehen und ihre subjektivierende Wirkung einer Analyse zu unterziehen, vor allem wenn es, wie im Falle der Integrationsunwilligkeit, zur Androhung von Strafe kommt – sofern die Mehrheitsgesellschaft allein Indikatoren für Integration bestimmt, können diese zur Durchsetzung der Maßnahmen verwendet werden.

Die gegenwärtige politische Umsetzung von Integration lässt kaum eine Wechselseitigkeit erkennen und bürdet die Integrationslast zur Gänze Migrationsanderen auf. Solange Integration als hegemoniale Unterscheidungspraxis umgesetzt wird, wird nicht das Entstehen eines neuen Ganzen gefördert, sondern das natio-ethno-kulturelle „Wir" als „Geschlossene Gesellschaft" konstruiert, die erleichtert feststellen kann: „Integration, das sind die Anderen."

8. Literatur

Alkemeyer, Thomas (2013): Subjektivierung in sozialen Praxen. Umrisse einer praxeologischen Analytik. In: Alkemeyer, Thomas/Budde, Gunilla/Freist, Dagmar (Hrsg.): Selbst-Bildungen. Soziale und kulturelle Praktiken der Subjektivierung, 33–68

Althusser, Louis (1977): Ideologie und ideologische Staatsapparate (Anmerkungen für eine Untersuchung). In: derselbe (Hrsg.): Ideologie und ideologische Staatsapparate: Aufsätze zur marxistischen Theorie. Hamburg/Berlin: VSA, 108–153

Auberle, Anette (Bearb.) (2003): Duden – Deutsches Universalwörterbuch. 5. Überarb. Aufl. Mannheim, Wien u.a.: Dudenverlag

Austin, John L. (2010): Zur Theorie der Sprechakte. How to do things with words. Stuttgart: Reclam

Bauböck, Rainer (2001): Erster Abschnitt: Integration von Einwanderern – Reflexionen zum Begriff und seinen Anwendungsmöglichkeiten. In: Davy, Ulrike (Hrsg.): Die Integration von Einwanderern. Ein Index rechtlicher Diskriminierungen. Band 2. Frankfurt a. M., New York: Campus, 25–52

Bourdieu, Pierre (2005). Was heißt Sprechen? Zur Ökonomie des sprachlichen Tausches. Wien: Braumüller

Broden, Anne/Mecheril, Paul (2014): Solidarität in der Migrationsgesellschaft. Einleitende Bemerkung. In: dieselben (Hrsg.): Solidarität in der Migrationsgesellschaft. Befragung einer normativen Grundlage. Bielefeld: transcript, 7–22

Butler, Judith (1997): Körper und Gewicht. Die diskursiven Grenzen des Geschlechts. Frankfurt a. M.: Suhrkamp

Butler, Judith (2006): Hass spricht. Zur Politik des Performativen. Frankfurt a. M.: Suhrkamp

Butler, Judith (2013[7]): Psyche der Macht. Das Subjekt der Unterwerfung. Frankfurt a. M.: Suhrkamp

Castro Varela, Maria do Mar/Mecheril, Paul (2010): Grenze und Bewegung. Migrationswissenschaftliche Klärungen. In: Mecheril, Paul (Hrsg.) u.a.: Migrationspädagogik. Weinheim/Basel: Beltz, 23–53

de Cillia, Rudolf (2011): Migration und Sprache/n. Sprachenpolitik – Sprachförderung – Diskursanalyse. In: Fassmann, Heinz/Dahlvik, Julia (Hrsg.): Migrations- und Integrationsforschung – multidisziplinäre Perspektiven. Ein Reader. Göttingen: V&R, 163–188

Deines, Stefan (2007): Verletzende Anerkennung. Über das Verhältnis von Anerkennung, Subjektkonstitution und „sozialer Gewalt". In: Hermann, Steffen Kitty/Kuch, Hannes (Hrsg.): Verletzende Worte. Die Grammatik sprachlicher Missachtung. Bielefeld: transcript, 275–294

Diefenbach, Heike (2007): Schulerfolg von ausländischen Kindern und Kindern mit Migrationshintergrund als Ergebnis individueller und institutioneller Faktoren. In: Bildungsministerium für Bildung und Forschung (Hrsg.): Migrationshintergrund von Kindern und Jugendlichen. Wege zur Weiterentwicklung der amtlichen Statistik. Bonn, Berlin, 43–54

Dirim, İnci/Knappik, Magdalena (2014): Kiezdeutsch als Mimikry? Positionierende Ko-Konstruktionen durch Jugendliche und WissenschaftlerInnen. In: Mecheril, Paul (Hrsg.): Subjektbildung: Interdisziplinäre Analysen der Migrationsgesellschaft. Bielefeld: transcript Verlag, 223–238

Doderer, Heimito von (1964): Tangenten. Tagebuch eines Schriftstellers. 1940 – 1950. München: Biederstein

Eggers, Maureen Marsha (2010): Anerkennung und Illegitimierung. Diversität als marktförmige Regulierung von Differenzmarkierung. In: Broden, Anne/Mecheril, Paul: Rassismus bildet. Bildungswissenschaftliche Beiträge zu Normalisierung und Subjektivierung in der Migrationsgesellschaft. Bielefeld: transcript, 59–86

Erickson, Frederick (1977): Some approaches to inquiry in school-community ethnography. In: Anthropology and Education Quarterly 8/2, 58–69

Erickson, Frederick (1986): Qualitative Methods in Research Teaching. In: Wittrock, Merlin C. (Hrsg.): Handbook of Research on Teaching. New York: Macmillan, 119–161

Erzgräber, Ursula/Hirsch, Alfred (2001): Einleitung. In: dieselben (Hrsg.): Sprache und Gewalt. Berlin: Berlin-Verlag, 7–10

Esser, Hartmut (2001): Sprache und Integration. Konzeptionelle Grundlagen und empirische Zusammenhänge. Arbeitspapier. Wien

Esser, Hartmut (2006a): Migration, Sprache und Integration. Frankfurt a. M. und New York: Campus

Esser, Hartmut (2006b): Sprache und Integration. Die sozialen Bedingungen und Folgen des Spracherwerbs von Migranten. Frankfurt a. M. und New York: Campus

Foucault, Michel (1982): „Das Subjekt und die Macht" In: Dreyfus, Hubert / Rabinow, Paul (Hrsg.) (1994): Michel Foucault. Jenseits von Strukturalismus und Hermeneutik. Weinheim: Athenäum, 243–261

Gatt, Sabine (2013): Rot-Weiß-Rot exklusiv? Dialektische Diskriminierungen im Namen der Nation(alsprache). In: Mecheril, Paul/Thomas-Olalde, Oscar u.a.: Migrationsforschung als Kritik? Spielräume kritischer Forschung. Wiesbaden: Springer, 161–174

Gächter, August (2010): Integrationserfolg des Arbeitsmarktes. In: Langthaler, Herbert (Hrsg.): Integration in Österreich. Sozialwissenschaftliche Befunde. Innsbruck, Wien: Studien-Verlag, 143–163

Götzelmann, Andrea (2010): Die Rolle staatlicher AkteurInnen in der österreichischen Integrationspolitik. In: Langthaler, Herbert (Hrsg.): Integration in Österreich. Sozialwissenschaftliche Befunde. Innsbruck, Wien: Studien-Verlag, 181–208

Green, Judith/Bloom, David (1997): Ethnography and Ethnographers of and in Education. A situated Perspective. In: Flood, James/ Heath, Shirley B./ Lapp, Diane (Hrsg.): Handbook of research on teaching literacy through the communicative and visual arts. New York: Macmillan Publishers, 181–202

Hermann, Steffen Kitty/Kuch, Hannes (2007): Symbolische Verletzbarkeit und sprachliche Gewalt. In: Hermann, Steffen Kitty/Kuch, Hannes (Hrsg.): Verletzende Worte. Die Grammatik sprachlicher Missachtung. Bielefeld: transcript, 179–210

Hermann, Steffen Kitty/Kuch, Hannes (2007): Verletzende Worte. Eine Einleitung. In: dieselben (Hrsg.): Verletzende Worte. Die Grammatik sprachlicher Missachtung. Bielefeld: transcript, 7–30

Hetfleisch, Gerhard (2010): Die Märkte kennen keine Ehre und keine Kultur. Hartmut Esser: Soziologe, Integrationstheoretiker, neoliberaler Ideologe. In: Oberlechner, Manfred u.a. (Hrsg.): Integration, Rassismen und Weltwirtschaftskrise. Wien: Braumüller, 97–128

Hirsch, Alfred (2001): Sprache und Gewalt. Vorbemerkung zu einer unmöglichen und notwendigen Differenz. In: Erzgräber, Ursula/Hirsch, Alfred (Hrsg.): Sprache und Gewalt. Berlin: Berlin-Verlag, 11–42

Kaloianov, Radostin (2014): „...alle Länder, vereinigt euch!" Integration, Anti-Interation, Solidarität. In: Broden, Anne (Hrsg.): Solidarität in der Migrationsgesellschaft. Befragung einer normativen Grundlage. Bielefeld: transcript, 127–152

Krämer, Sybille (2005): Gewalt der Sprache – Sprache der Gewalt. In: Landeskommission Berlin gegen Gewalt (Hrsg.): Gewalt der Sprache – Sprache der Gewalt, 1–16

Krämer, Sybille (2007): Sprache als Gewalt oder: Warum verletzen Worte? In: Hermann, Steffen Kitty/Kuch, Hannes (Hrsg.): Verletzende Worte. Die Grammatik sprachlicher Missachtung. Bielefeld: transcript, 31–48

Kroon, Sjaak/Sturm, Jan (2002): „Key Incident Analyse" und „internationale Triangulierung" als Verfahren in der empirischen Unterrichtsforschung. In: Krammler, Clemens/Knapp, Werner (Hrsg.): Empirische Unterrichtsforschung und Deutschdidaktik. Baltmannsweiler: Schneider, 96–114

Lévinas, Emmanuel (1998): Jenseits des Seins oder anders als Sein geschieht. Freiburg: Alber

Mecheril, Paul (2006): Die Unumgänglichkeit und Unmöglichkeit der Angleichung. Herrschaftskritische Anmerkungen zur Assimilationsdebatte. In: Otto, Hans-Uwe (Hrsg.): Neue Praxis. Zeitschrift für Sozialarbeit, Sozialpädagogik und Sozialpolitik. Lahnstein: Neue Praxis, 124–140

Mecheril, Paul (2010a): Migrationspädagogik. Hinführung zu einer Perspektive. In: Mecheril, Paul (Hrsg.) u.a.: Migrationspädagogik. Weinheim/Basel: Beltz, 7–22

Mecheril, Paul (2010b): Die Ordnung des erziehungswissenschaftlichen Diskurses in der Migrationsgesellschaft. In: Mecheril, Paul (Hrsg.) u.a.: Migrationspädagogik. Weinheim/Basel: Beltz, 54–76

Mecheril, Paul (2011): Anerkennung von Mehrfachzugehörigkeit. Eine Leitlinie für Erwachsenenbildung in der Migrationsgesellschaft. In: Holzer, Daniela/Schröttner, Barbara/Sprung, Anette (Hrsg.): Reflexionen und Perspektiven der Weiterbildungsforschung. Münster: Waxmann, 93–102

Mecheril, Paul (2014a): Subjekt-Bildung in der Migrationsgesellschaft. Eine Einführung in das Thema, die zugleich grundlegende Anliegen des Center for Migration, Education und Cultural Studies anspricht. In: derselbe (Hrsg.): Subjektbildung. Interdisziplinäre Analysen der Migrationsgesellschaft. Bielefeld: transcript, 11–28

Mecheril, Paul (2014b): Kritik als Leitlinie (migrations)pädagogischer Forschung. In: Ziegler, Albert/Zwick, Elisabeth (Hrsg.): Theoretische Perspektiven der modernen Pädagogik. Münster: LIT-Verlag (in Druck)

Mecheril, Paul u.a. (2013): Migrationsforschung als Kritik? Erkundung eines epistemischen Anliegens in 57 Schritten. In: Mecheril, Paul (Hrsg.): Migrationsforschung als Kritik? Konturen einer Forschungsperspektive. Wiesbaden: Springer VS, 8–55

Mecheril, Paul/Melter, Claus (2010): Gewöhnliche Unterscheidungen. Wege aus dem Rassismus. In: Mecheril, Paul (Hrsg.) u.a.: Migrationspädagogik. Weinheim/Basel: Beltz, 23–53

Mecheril, Paul/Quehl, Thomas (2006): Sprache und Macht. Theoretische Facetten eines (migrations)pädagogischen Zusammenhangs. In: dies. (Hrsg.): Die Macht der Sprachen. Englische Perspektiven auf die mehrsprachige Schule. Münster: Waxmann, 355–381

Mecheril, Paul/Rigelsky, Bernhard (2007): Nationaler Notstand, Ausländerdispositiv und die Ausländerpädagogik. In: Riegel, Christine; Geisen, Thomas (Hrsg.): Jugend, Zugehörigkeit und Migration. Subjektpositionierung im Kontext von Jugendkultur, Ethnizitäts- und Geschlechterkonstruktionen. Wiesbaden: Verlag für Sozialwissenschaften, 61–80

Mecheril, Paul/Thomas-Olalde, Oscar (2011): Die Religion der Anderen. Anmerkung zu Subjektivierungspraxen der Gegenwart. In: Allenbach, Birgit u.a. (Hrsg.): Jugend, Migration und Religion. Interdisziplinäre Perspektiven. Baden-Baden: Nomos, 35–66

Melter, Claus/Dirim, İnci/Mecheril Paul (2011): Schullaufbahnen und Bildungsabschlüsse – Thematisierungen migrationsgesellschaftlicher Heterogenität im österreichischen Bildungssystem. In: Biffl, Gudrun/Dimmel, Nikolaus (Hrsg.): Grundzüge des Managements von Migration und Integration. Arbeit, Soziales, Familie, Bildung, Wohnen, Politik und Kultur. Bad Vöslau: omninum, 341a–341h

Perchinig, Bernhard (2010): Migration, Integration und Staatsbürgerschaft – was taugen diese Begriffe noch? In: Langthaler, Herbert (Hrsg.): Integration in Österreich. Sozialwissenschaftliche Befunde. Innsbruck, Wien: Studien-Verlag, 13–33

Plutzar, Verena (2010): Sprache als „Schlüssel" zur Integration? Eine kritische Annäherung an die österreichische Sprachenpolitik. In: Langthaler, Herbert (Hrsg.): Integration in Österreich. Sozialwissenschaftliche Befunde. Innsbruck, Wien: Studien-Verlag, 123–142

Reh, Sabine/Ricken, Norbert (2012): Das Konzept der Adressierung. Zur Methodologie einer qualitativ-empirischen Erforschung von Subjektivation. In: Miethe, Ingrid/Müller, Hans (Hrsg.): Qualitative Bildungsforschung und Bildungstheorie. Opladen & Farmington Hills: Barbara Budrich, 35–56

Reinprecht, Christoph (2010): Empirisch gestützte Reflexion zur Bestimmung des Integrationserfolgs im Migrationskontext. In: Langthaler, Herbert (Hrsg.): Integration in Österreich. Sozialwissenschaftliche Befunde. Innsbruck, Wien: Studien-Verlag, 42–48

Ricken, Norbert (2013): Anerkennung als Adressierung. Über die Bedeutung von Anerkennung für Subjektivationsprozesse, in: Alkemeyer, Thomas/ Freist, Dagmar/ Budde, Gunilla (Hrsg.): Selbst-Bildungen. Praktiken der Subjektivierung in interdisziplinärer Perspektive. transcript: Bielefeld, 65–95

Rose, Nadine (2012): Migration als Bildungsherausforderung. Subjektivierung und Diskriminierung im Spiegel von Migrationsbiographien. Bielefeld: transcript

Rose, Nadine (2014): „Für 'nen Ausländer gar nicht mal schlecht. Zur Interpretation von Subjektbildungsprozessen in Migrationsbiographien. In: Mecheril, Paul (Hrsg.): Subjektbildung. Interdisziplinäre Analysen der Migrationsgesellschaft. Bielefeld: transcript, 57–78

Saar, Martin (2013): Analytik der Subjektivierung. Umrisse eines Theorieprogramms. In: Alkemeyer, Thomas/ Gelhard, Andreas/ Ricken, Norbert (Hrsg.): Techniken der Subjektivierung. Paderborn: Fink, 17–27

Said, Edward W. (1978): Orientalism. New York: Pantheon

Schober, Paul (2010): Falls Integration das Problem ist, warum werden dann nur MigrantInnen behandelt? Kritische Anmerkungen zur Praxis der österreichischen Integrationspolitik. In: Oberlechner, Manfred / Hetfleisch, Gerhard (Hrsg.): Im Zeichen der globalen Wirtschaftskrise: Migration – Integration – Rassismen. Braumüllerverlag: Wien, 193–204

Spivak, Gaytari C. (1985): The Rani Of Sirmur. In: Barker, Francis et al.: Europe and its others. Vol. 1: Proceedings of the Essex Conference on the Sociology of Literature July 1984. Essex, 128–151

Wrana, Daniel (2006): Das Subjekt schreiben. Reflexive Praktiken und Subjektivierung in der Weiterbildung – eine Diskursanalyse. Baltmannsweiler: Schneider

Zima, Peter V. (2000): Theorie des Subjekts. Subjektivität und Identität zwischen Moderne und Postmoderne. Tübingen: Francke

Zips, Werner (2001): „Befremdliche Heimat" – Einwände zur österreichischen „Integrationspolitik" als Etikettenschwindel für verschleierte Assimilation. In: Kletzander, Helmut: Minderheiten in Österreich. Kulturelle Identitäten und die politische Verantwortung der Ethnologie. Wien: WUV, 77–90

Presseaussendungen:

Bundesministerin für Inneres (2011a): Korrektur zu OTS0167: Kurz zu Integrationsbericht: Integration durch Leistung. Presseaussendung vom 06.7.2011. Wien.
http://www.ots.at/presseaussendung/OTS_20110706_OTS0209/korrektur-zu-ots0167-kurz-zu-integrationsbericht-integration-durch-leistung, Stand 18.8.2014

Bundesministerin für Inneres (2011b): Integrationsstaatssekretariat und Caritas geben Kindern Starthilfe in eine bessere Zukunft. Presseaussendung vom 10.6.2011. Wien.
http://www.ots.at/presseaussendung/OTS_20110610_OTS0234/integrations-staatssekretariat-und-caritas-geben-kindern-starthilfe-in-eine-bessere-zu-kunft-bild, Stand 18.8.2014

Bundesministerin für Inneres (2011c): Zusammen:Österreich – Integrations-botschafter in der Grazer Neuen Mittelschule Albert Schweitzer. Karina Sarkissova, Cristina-Alina Grundner und Pujan Rohani mit Integrations-staatssekretär Sebastian Kurz in der Neuen Mittelschule Albert Schweitzer in Graz. Presseaussendung vom 9.11.2011. Wien.
http://www.ots.at/presseaussendung/OTS_20111109_OTS0172/zusammen-oesterreich-integrationsbotschafter-in-der-grazer-neuen-mittelschule-albert-schweitzer, Stand 18.8.2014

Bundesministerin für Inneres (2011d): Integrationsstaatssekretariat: „Rot-Weiß-Rot-Fibel" vermittelt Grundwerte der österreichischen Rechtskultur. Top 100 – Integrationsbotschafter in Schulen. Presseaussendung vom 6.7.2011. Wien.
http://www.ots.at/presseaussendung/OTS_20110706_OTS0191/integrations-staatssekretariat-rot-weiss-rot-fibel-vermittelt-grundwerte-der-oesterreichischen-rechtskultur, Stand 18.8.2014

Bundesministerin für Inneres (2011e): Integrationsstaatssekretariat: Expertenrat präsentiert Integrationsbericht 2011. 20 Vorschläge sollen die Integration in Österreich verbessern. Presseaussendung vom 6.7.2011. Wien.
http://www.ots.at/presseaussendung/OTS_20110706_OTS0174/integrations-staatssekretariat-expertenrat-praesentiert-integrationsbericht-2011, Stand 18.8.2014

Bundesministerin für Inneres (2012a): Integrationsstaatsekretär Sebastian Kurz trifft die türkische Botschafterin Sezgin. Kurz: „Unsere gute Zusammenarbeit ist für die Integration von Menschen mit türkischem Hintergrund in Österreich wichtig". Presseaussendung vom 15.5.2012. Wien. http://www.ots.at/presseaussendung/OTS_20120515_OTS0201/integrationsst aatsekretaer-sebastian-kurz-trifft-die-tuerkische-botschafterin-sezgin, Stand 18.8.2014

Bundesministerin für Inneres (2012b): Staatssekretär Kurz auf Bundesländertag in Salzburg. Arbeitstreffen mit Vertretern der Caritas und des „Instituts der Regionen Europas". Presseaussendung vom 31.1.2012. Wien.
http://www.ots.at/presseaussendung/OTS_20120131_OTS0259/staatssekreta er-kurz-auf-bundeslaendertag-in-salzburg, Stand 18.8.2014

Bundesministerin für Inneres (2012c): „Integration durch Leistung": Integrationsstaatsekretär Kurz zu Gast im Volksbildungsheim Schloss St. Martin. Staatssekretär Sebastian Kurz besuchte am 16. März die Tagung „Volks-Kulturen, Interkulturelle Kompetenz - Regionalität" im Volksbildungsheim Schloss St. Martin in Graz. Presseaussendung vom 19.3.2012. Wien.
http://www.ots.at/presseaussendung/OTS_20120319_OTS0051/integration-durch-leistung-integrationsstaatsekretaer-kurz-zu-gast-im-volksbildungsheim-schloss-st-martin, Stand 18.8.2014

Bundesministerin für Inneres (2012d): Kurz: Integration künftig von Anfang an. Kündigt Rot-weiß-rot-Fibel an, Österreich-Zentren. Presseaussendung vom 27.2.2012. Wien.
http://www.ots.at/presseaussendung/OTS_20120227_OTS0196/kurz-integration-kuenftig-von-anfang-an, Stand 18.8.2014

Internetquellen:

Arens, Susanne/Dirim, Inci u.a. (2012): Paternalismus als migrationsgesellschaftliches Herrschaftsverhältnis in der Erwachsenenbildung. http://www.diegaste.de/gaste/diegaste-sayi2110almanca.html, Stand 14.9.2014

Bundesministerium für Inneres (2009a): Nationaler Aktionsplan für Integration. Bericht. Wien.
http://www.bmeia.gv.at/fileadmin/user_upload/Zentrale/Integration/NAP/Bericht_zum_Nationalen_Aktionsplan.pdf, Stand 18.8.2014

Bundesministerium für Inneres (2009b): Nationaler Aktionsplan für Integration. Maßnahmen. Wien.
http://www.bmeia.gv.at/fileadmin/user_upload/Zentrale/Integration/NAP/NAP_Massnahmenkatalog.pdf, Stand 18.8.2014
Bundesministerium für Inneres (2013): Zusammenleben in Österreich. Werte, die uns verbinden. Wien.
http://www.staatsbuergerschaft.gv.at/fileadmin/user_upload/Broschuere/RWR-Fibel.pdf, Stand 18.8.2014

Fassmann, Heinz (2009): Integrationsindikatoren des Nationalen Aktionsplans für Integration. Begriffe – Beispiele – Implementierung. Hrsg. v. Bundesministerium für Inneres. Wien.
www.integrationsfonds.at/nap/integrationsindikatoren/, Stand 19.9.2014

Fassmann, Heinz u.a. (Kommission für Migrations- und Integrationsforschung der Österreichischen Akademie der Wissenschaften) (2014): migration & integration. zahlen. daten. indikatoren 2014. Wien: Statistik Austria.
http://www.integrationsfonds.at/zahlen_und_fakten/statistisches_jahrbuch_2014/ Stand 19.9.2014

Mecheril, Paul (2011): Wirklichkeit schaffen. Integration als Dispositiv.
http://www.bpb.de/apuz/59747/wirklichkeit-schaffen-integration-als-dispositiv-essay?p=all, Stand 17.2.2015

Medien-Servicestelle Neue Östereicher/innen (2012): Integrationsglossar. Wer ist wer? Was ist was? Die wichtigsten Begriffe um Integration auf einen Blick.
http://medienservicestelle.at/migration_bewegt/wp-content/uploads/2012/10/INTEGRATIONSGLOSSAR.pdf, Stand 19.9.2014

Rosenberger, Sieglinde / Gruber, Oliver / Peintinger, Teresa (2012): „Integrationspolitik als Regierungspolitik. Das Staatssekretariat für Integration im Monitoring". Kurzbericht der Forschungsergebnisse.
https://inex.univie.ac.at/fileadmin/user_upload/ag_divpol/INEX_Integrationspolitik_als_Regierungspolitik.pdf, Stand 20.2.2015

Statistik Austria (2014): Bildung in Zahlen 2012/2013. Schlüsselindikatoren und Analysen. Wien.
http://www.statistik.at/web_de/services/publikationen/5/index.html?id=5&lis tid=5&detail=461, Stand 15.1.2015

http://www.bmeia.gv.at/integration/integrationsbeirat/, Stand 12.11.2014

http://www.integrationsfonds.at/nap/integration_durch_leistung, Stand 25.9.2014

http://www.zusammen-oesterreich.at/index.php?id=5, Stand 13.11.2014

http://www.asyl.at/fakten_2/offenerbrief_fekter.pdf, Stand 17.12.2014

http://www.statistik.at/web_de/presse/077472, Stand 14.1.2015
bmeia.gv.at/integration, Stand 15.1.2015

bmeia.gv.at/integration/nationaler-aktionsplan, Stand 15.1.2015

http://derstandard.at/2000007881444/FP-Abgeordneter-beschimpft-Asylwerber-als-Hoehlenmenschen, Stand 20.1.2015

http://derstandard.at/2000010649361/Voves-will-gegen-Integrationsunwilligkeit-vorgehen, Stand 20.1.2015